THE SWITCH OF THE THOUGHT

思考のスイッチ

人生を切り替える11の公式

クリエイティブ・ディレクター
西島知宏

フォレスト出版

はじめに

思考とは、公式で片づくものである

たとえば、あなたが「立ち食い蕎麦《そば》」という業態でお店を出そうとしています。しかし、あなたの街には数多くの立ち食い蕎麦屋が存在します。どのようなお店を出せば、お客さんに「新しい立ち食い蕎麦屋ができた！」と思ってもらえるでしょうか？

「蕎麦打ちのデモンストレーション付き立ち食い蕎麦屋」

10人いたら5人くらいは出してきそうなアイデアですね。新しい店というには、ほど遠い感じです。しかし、こんなアイデアだとどうでしょうか？

「会員制立ち食い蕎麦屋」

一気に新しく感じられますよね。立ち食い蕎麦屋の固定概念を崩すアイデアで、テレビや雑誌の取材が殺到しそうです。

実はこのアイデア、誰でもカンタンに使える、ある公式を使ったから思考できたのです。のちほど紹介する「思考11の公式」の1つである、**「常識➡非常識術」とは、次のようなものです。**

「常識を書き出し、非常識に変える」

「会員制立ち食い蕎麦屋」のアイデアに当てはめて説明しましょう。立ち食い蕎麦屋の常識は、

- 気軽に入れる
- 安い

●早い

ですね。この常識を、非常識に変えてみます。

●**会員制**
●**1杯2000円**
●**出てくるまでに30分**

どうでしょうか？　アイデアがカンタンに出きましたね。
いきなり「考えろ」「アイデアを出せ」と言われると困ってしまいますが、アイデアが必要なものに対して、常識を書き出すだけなら誰にでもできそうですね。常識を書き出せたら、非常識に変えるだけ、カンタンです。

もう1つ別の例を出す前に、この本のなかで数多く登場する「お題」という言葉について説明しておきます。

この本では、**「アイデアが必要なもの」**を「お題」と呼びます。

「課題」や「問題」というと、何か難しいものに取り組んでいる気がして考える気が失せてしまうので、『笑点』などのように謎かけっぽく「お題」と呼びます。先ほどの例では「新しい立ち食い蕎麦屋」が「お題」になります。

次の「お題」に進みます。今度は一緒に思考してみましょう。

お題……「新しい銭湯のアイデア」

銭湯って、時折無性に行きたくなりますよね。とはいえ、日本の銭湯の数は、年々数が減っていますし、銭湯を生業《なりわい》としている人は「どうやって集客するか」ということに頭を悩ませているでしょう。

そこで、「常識➡非常識術」を使って、「新しい銭湯のアイデア」について思考してみます。まずは銭湯の常識を書き出してください。書き出せたらそれを非常識に変えてください。思考が終わったら、6ページへ進みましょう。

◆お題「新しい銭湯のアイデア」

私の思考で説明していきます。ただ、私が書き出したものが正解というわけではなく、あくまで1つの例です。

銭湯の常識は、

- 男湯と女湯が分かれている
- 番台さんがいる
- 壁に富士山が描いてある
- 入浴料が安い
- 下駄箱に靴を入れる

などですね。これらを非常識に変えてみましょう。

- **混浴**
- **番台さんがロボット**

●壁の絵がゴッホの『ひまわり』
●入浴料が5万円
●入っている間に靴を磨いてくれている

新しい銭湯のアイデアが生まれましたね。何の拠りどころもなく、思考しても出てこないアイデアが、「常識↓非常識術」を使うだけでカンタンに、いくつも出てくるのがわかります。

思考を、才能だと思っている誤解

あなたは「思考」に対して、どんなイメージを持っていますか？

「思考がうまくできるのは、才能のある人たちだけ」

そう思っていませんか。「良いアイデアを出すのは難しい、良いアイデアが出せるのは、ほんのひと握りの才能のある人だけだ」と。

しかし、初めにきっぱりと否定しておきますが、思考がうまくできるのは「才能のある人」ではなく、

「公式を知っている人」

なのです。嘘《うそ》のような本当の話ですが、これはまぎれもない事実です。では、なぜ多くの人が「思考」を難しいと感じてしまうのでしょうか。答えは、ただ1つです。

「公式を知らないから」

私は2003年に、新卒で広告代理店に入社し、クリエイティブ局という、CMのシナリオを考えたり商品のキャッチコピーを考えたりする部署で、さまざまな「お題」に向き

合い、思考を繰り返しました。

4年で独立することを決意し、その後9年間、通算すると13年間、広告クリエイティブの仕事を続けています。この間、数え切れないほどの挫折《ざせつ》を経験しましたし、「何でこんなつまらない思考しかできないんだ」と自暴自棄になったことも一度や二度ではありません。

しかし、それでもこの仕事を続け、独立してやってこられたのも、広告賞をたくさんいただけたのも、あるきっかけがあったからです。それは、

「自分の公式を生み出せたから」

途方もない思考の時間のなかで、優れたアイデアに共通する法則を見つけ、トライ&エラーを繰り返し「思考11の公式」を作り出せたからなのです。

あなたは、「思考することができない」と先輩や上司に相談し、このようなことを言われた経験はありませんか。

「当たり前のことを疑うクセを作れ」

「思いついたら書き留めるクセを作れ」

「自分なりの方法論を見つけろ」

「人をよく観察しろ」


どれも、もっともらしいアドバイスのように聞こえます。しかし、このアドバイスを聞いて「新しい立ち食い蕎麦屋のアイデア」は生まれるでしょうか？

「銭湯の当たり前を疑え」と言われて、「お風呂に入っている間に靴磨きをするサービス」が思考できるでしょうか？

「当たり前を疑え」と言われても「それができないから困っている」と思うでしょうし、「銭湯にいる人を観察しろ」と言われても「観察して、どうすればアイデアが生まれるの？」と疑問に思うでしょう。


このもっともらしいアドバイスが参考にならない理由。それは、

「実践できないから」

なのです。たとえば、「彼女へのプロポーズの仕方がわからない」と友人に相談されたとき、

「思いのたけを伝えろ」

とアドバイスされるより、

「彼女の好きなところを3つ言え」

とアドバイスされたほうが実践的ですよね。

この本は、私が生み出した「思考11の公式」を、カンタンに実践できるレベルまで落とし込んだ究極の思考本です。あなたの抱えている「お題」を「思考11の公式」に当てはめるだけ。技術も訓練も不要の思考術なのです。

思考の悩みは、公式で解決する。

思考のスイッチ　目次

はじめに……1
思考とは、公式で片づくものである 1
思考を、才能だと思っている誤解 7

第1章 思考する前に必要な大切なものとは？

1．思考は大事だというが、そもそも思考って何？ 22
「思考」と「アイデア」について、新しく定義する 23
アイデアには「古いアイデア」と「新しいアイデア」がある 25
2．前提そのものが間違っている。思考に対する「4つの誤解」 27
誤解1……「時間をかければ良いアイデアが出る」という誤解 29
誤解2……「闇雲にでもアイデアを出せば良い」という誤解 32
誤解3……「アイデアは大切にするべき」という誤解 36
誤解4……「アイデアはみんなに伝えようとするべき」という誤解 38

第2章　一瞬で思考できる「思考11の公式」

誰でもすぐに使える「思考11の公式」　46

1. **常識⬇非常識術**……「お題」の常識を書き出し、非常識に変え「お題」とくっつける　48

2. **ライバル接着術**……「お題」と真逆のモノ・コト・ヒトを書き出し、「お題」とくっつける　57

3. **付属品接着術**……「お題」の近くにある付属品を書き出し、「お題」とくっつける　64

4. **限定術**……「お題」を地域、対象者、人数、シチュエーション、時期のいずれかで限定する　69

5. **順番入れ替え術**……「お題」のベタな順番を並べ、順番を入れ替える　76

6. **他者憑依術**……他者に憑依し、「お題」にアプローチする　83

7. 鉄板モチーフ術……「お題」と動物、赤ちゃん、女子高生、セクシー、恐怖、プロポーズ、結婚式を絡める 91
8. ワールドレコード術……「お題」にワールドレコード用語をくっつける 98
9. ニュースコラボ術……流行しているキーワードと「お題」をコラボさせる 105
10. 著名フレーム利用術……誰もが知っている著名なフレームを「お題」に当てはめる 112
11. 4大欲求満たし術……「お題」を食欲、睡眠欲、性欲、承認欲と結びつける 120

第3章 ビジネス・就活・恋愛……「思考11の公式」シチュエーション別実践法

1. ビジネス編……社長でも営業マンでも実践できる思考 129
ケース1 新しい営業手法のアイデア 131
1. 「限定術」を使って営業しよう 132

2.「他者憑依術」を使って営業しよう 135
3.「ニュースコラボ術」を使って営業しよう 137
ケース2 社員のモチベーションを上げるアイデア 140
1.「順番入れ替え術」を使って社員のモチベーションを上げよう 142
2.「ワールドレコード術」を使って社員のモチベーションを上げよう 144
3.「4大欲求満たし術」で社員のモチベーションを上げよう 147
2. 就活編……エントリーシートから面接まで、内定を勝ち取る思考 150
ケース1 印象に残るエントリーシートの作り方 153
1.「鉄板モチーフ術」を使って印象に残るエントリーシートを作ろう 155
2.「著名フレーム利用術」を使って印象に残るエントリーシートを作ろう 157
3.「4大欲求満たし術」を使って印象に残るエントリーシートを作ろう 159
ケース2 面接で印象に残すアイデア 160
1.「常識⬇非常識術」を使って面接で印象に残そう 161
2.「他者憑依術」を使って面接で印象に残そう 163
3.「4大欲求満たし術」を使って面接で印象に残そう 166

3．恋愛編……彼氏、彼女をゲット、プロポーズまでできる思考　168
ケース1　好きな相手に自分をアピールするアイデア　170
1．「ライバル接着術」を使って自分をアピールしよう　171
2．「限定術」を使って自分をアピールしよう　173
3．「ニュースコラボ術」を使って自分をアピールしよう　176
ケース2　一世一代のプロポーズのアイデア　178
1．「常識⬇非常識術」を使って一世一代のプロポーズをしよう　179
2．「順番入れ替え術」を使って一世一代のプロポーズをしよう　181
3．「鉄板モチーフ術」を使って一世一代のプロポーズをしよう　184

第4章　さらに思考する力をアップする習慣術

「好き」「嫌い」を何となくで片づけない　188
どんなつまらないことでもいい。「自分が一番詳しいもの」を作る　191

すべての質問に「即答する」クセをつける 195
人の言うことを無視できる能力を身につける 198
新しいこと、知らないことに貪欲でいる 200

第5章 アイデアだけで終わらない。思考したあとに必要なこと

アイデアの検証作業で確実にものにする 207
アイデアを伝えるプレゼンテーションのコツ 209
コツ1 思考の過程を整理する 210
コツ2 たとえ話を用意する 210
コツ3 アドリブを絡める 212
最後に大事なのは「タイトル付け」という思考 213
ポイント1 そのタイトルは、アイデアをうまく言い得ているか? 215
ポイント2 そのタイトルは、引きのあるものか? 216

ポイント３　そのタイトルは、恥ずかしくないものか？　218
ポイント４　そのタイトルは、言葉での再現性が高いものか？　219
おわりに……………224

第1章

思考する前に必要な大切なものとは？

「思考が苦手だ」

という人がいます。この人は本当に、思考が苦手なのでしょうか。別の質問をしてみます。

「思考って何ですか？」

「思考が苦手だ」という人の多くは、この質問に答えられないのではないでしょうか。

そう**「『思考が苦手だ』という人の多くは、思考が何かわかっていない」**ということなのです。

まずは、〝相手〟を知ることから始めましょう。

1 思考は大事だというが、そもそも思考って何？

まず、この本の最も重要なキーワードである「思考」と「アイデア」という２つの言葉について、解釈のブレが生じないよう定義しておきます。

「思考」と「アイデア」について、新しく定義する

「思考」と「アイデア」という意味について、『広辞苑』ではこう書かれています。

●思考……①思いめぐらすこと。考え。②広義には人間の知的作用の総称。③ある思想を惹起《じゃっき》する心的過程。

●アイデア……思いつき。着想。考案。

『広辞苑』の定義のままだと、この本の内容を解釈しにくくしてしまう恐れがあるので、こう定義します。

「思考」……思いつく一連の過程

「アイデア」……思考の結果生まれたもの

「新しい立ち食い蕎麦屋」の例だと、

A4のノートを準備し

⬅

立ち食い蕎麦屋の「常識」を書き出し

⬅

「常識」を「非常識」に変え

⬅

アイデアを出す

この一連の過程を「思考」。そして思考の結果生み出された、

「会員制立ち食い蕎麦屋」

を「アイデア」と呼ぶことにします。

アイデアには「古いアイデア」と「新しいアイデア」がある

この本は、すでに世の中に存在するアイデア（過去）について解釈を加えるものではなく、新しいアイデアを生み出す公式と実践法（未来）について説明するものですので、「新しいアイデアの定義」についても書いておきます。

アイデアと呼ばれるものには2種類あります。

1. 古いアイデア

2. 新しいアイデア

この本では、「古いアイデア」に対して、「新しいアイデア」をこう定義したいと思います。

「驚きがあるもの」

そのアイデアを見たときに、びっくりするもの、ということです。たとえば、

「毎日はいても汚れない下着」
「超音波で雨をはじく服」

という商品が発売されたら、それこそ世界が驚くようなアイデア、まぎれもなく「新しいアイデア」ですね。一方、そこまで革新的な話ではなくて、たとえばデートだとしたら、

「カバディ観戦デート」

たとえば、忘年会だとしたら、

「ひと言もしゃべってはいけない忘年会」

などには「驚き」がありますよね。未知のものと出会った驚き、というよりは、未知の組み合わせに出会った驚き。

このように、自分が所属するコミュニティ内（部署か、会社か、業界か、友だち周りか、家族か、日本か、世界か）で「驚き」があること。これを「新しいアイデア」の定義とします。

2 前提そのものが間違っている。思考に対する「４つの誤解」

「思考」と「アイデア」について整理できたところで、次は思考に対する誤解の話をします。思考が苦手という人は先ほど書いた通り、

「思考そのものが何かよくわからない」

という人。そして、

「思考の仕方はわかっているけど、うまくいかない」

という人。この2つのパターンの人がいます。後者に当てはまる人の多くは、

「思考というものを誤解している」

可能性が高いのです。自然にそう考えているのか、上司や先輩に教えられ、そう信じ込んでいるのかはわかりませんが、**「思考とはこういうもの」という前提が間違っている**のです。

思考に対する代表的な誤解として、以下の4つを説明していきます。

誤解１……「時間をかければ良いアイデアが出る」という誤解
誤解２……「闇雲にでもアイデアを出せば良い」という誤解
誤解３……「アイデアは大切にするべき」という誤解
誤解４……「アイデアはみんなに伝えようとするべき」という誤解

この４つの大きな誤解について、詳しく解説していきます。

誤解１……「時間をかければ良いアイデアが出る」という誤解

「思考する時間は長ければ長いほど良い」

あなたは、そう思っていませんか？
もちろん思考に時間を割けば割くほど、良いアイデアが生まれてきそうです。しかし、あなたはほかにもいろいろとやることを抱えているのではないでしょうか。就活生であれば、Ａ社のエントリーシートを書きながらＳＰＩの問題集を解かなければならない。ビジネスマンであれば、Aというプロジェクトと Bというプロジェクトが同時進行している。
そんな状況で、1つの思考に時間をかけすぎると、2つ以上の「お題」を処理できなくなってしまいます。そこで私は、

「思考する時間を長く取る」

のではなく、

「まず30分考える」

ということをおすすめします。これは、

「思考のスイッチをONにする」

という作業になります。「お題」が発生したとき、どんなに忙しくてもまず30分だけ考

える。10分では短くて深く考えられませんし、１時間を超えるとほかの作業に支障をきたしてしまいます。まず「お題」が出たら30分だけ思考し、

「無意識に考えている」

という状態を作り出します。そうすることで、電車に乗っているとき、お風呂に入っているとき、ほかの「お題」を考えているとき、ふとした瞬間にアイデアが浮かぶようになります。不思議なことに、ほかに抱えている「お題」と結びついて、思いもよらないアイデアが出たりもします。

アイデアというものは、

「すでに世の中に存在する何かと何かがくっついたもの」

ですから、ほかの情報を入れれば入れるほど、新しいアイデアが生まれやすくなるのです。

「お題」が出る
⬅
まず30分考える
⬅
思いついたらメモする（私はエバーノートを使っています）
⬅
締め切り前日にまとめる

今日から、このプロセスで思考してください。いくつもの仕事をバランス良く、とてもスムーズに処理することができます。

誤解2……「闇雲にでもアイデアを出せば良い」という誤解

あなたは上司に、こういうことを言われた経験はありませんか？

「ごたくを並べてないで、とにかくアイデアを出しまくれ！」

もし、このアドバイスを忠実に実践している人がいたら、今すぐやめてください。時間の無駄です。たとえば、あなたが飲料メーカーの商品企画を担当しているとして、

「清涼飲料水のプロモーションのアイデア」

という「お題」について思考するとき、闇雲《やみくも》に進めると、どういうことが起きるでしょうか。

「アイデアの数はあるけど、的外れ」

つまり、せっかく考えてアイデアを出したのに、考えなかったのと同じになってしまう危険性があるのです。

1．今までにないシュワシュワ感を印象づけたい

2．とにかくネーミングを覚えてほしい

3．競合商品にはない成分をアピールしたい

以上の3つは、私が考えたアイデアの方向性の例です。闇雲に思考したはいいが、すべてのアイデアが1の方向性だけ。2と3はなし。しかし、クライアントは2のアイデアを求めていたということが起こり得ます。

明確に、クライアントから方向性の指示があった場合は、すぐにアイデアを考え始めていいと思います。しかし、とくに指示はなく「清涼飲料水のプロモーションのアイデア」という大きな「お題」だけが目の前にある。そんなときに、けっしてやってはいけないのが、**「とりあえず考え始める」**ということなのです。

思考というものは、厳密に言うと2つのアイデア出しの作業を踏んでいます。

1．方向性の思考
2．決まった方向性での思考

2から思考し始めるというのは、時間の無駄です。必ず1から始め、方向性が決まった段階で、2の思考に移るようにしてください。

私もクリエイティブ・ディレクターとして、クライアントから商品の説明を受けたとき、まず方向性を決め、チーム内で共有するようにしています。ときには、クライアントに方向性だけのプレゼンをすることもあります。

また、「闇雲に資料を集めるのが良い」という誤解をしている人も多いものです。「お題」に対してどういう方向性でアプローチするか決まっていないのに、資料を集めるというのは、夜、海に落とした小銭を探すようなもので、非効率的です。

「まずは、勝算がある方向性を見つける」

これが思考においても、資料集めにおいても、最も重要な作業になります。

誤解3……「アイデアは大切にするべき」という誤解

突然ですが、あなたが3年かけて進めてきた新商品のプロジェクト、そのネーミング会議が明日開かれます。いったいいくつくらいのネーミング案を持っていきますか?

「とっておきの1個」

なんてことはないですよね。あなたが手塩にかけて育ててきたプロジェクトですから、あれこれ迷って何十個と持っていきますよね。

一方で、100個、200個とネーミングを持っていく人も少ないのではないでしょうか。「そんなに持っていっても、要は質でしょ?」と思っているあなた、次の言葉を聞くと考えが変わるかもしれません。

「アイデアの99％は使えない」

私はアイデアの99％は使えないと思っています。だから、たとえば、キャッチコピーの仕事がきたとき、最低でも１００個以上のアイデアを出すようにしています。

実際は思考に慣れてくればくるほど良いアイデアの打率は上がってきますし、頭のなかで取捨選択もできるようになります。しかし、どんなに思考がうまくなっても、この前提を持つのと持たないのとでは、大きな違いが生まれます。

「アイデアを捨てる前提か、捨てない前提か」

どちらの前提に立つかで、最終的なアウトプットのクオリティが、確実に変わります。

アイデアを捨てない前提に立つと、そのアイデアを捨てるのが惜しくなり、客観的な視点と、より良いアイデアを求める意識がなくなってしまいます。

「アイデアを評価するのは、自分ではなく他者」

ここからは逃げられません。だから、自分で思考しても、できるだけ客観的に判断すべきなのです。

「アイデアは捨てる前提。どんどん思考して、どんどん捨てる」

このことを覚えておいてください。

誤解4……「アイデアはみんなに伝えようとするべき」という誤解

「自分のアイデアを、誰にも伝えたくない」という人は少ないと思います。ほとんどのアイデアは、できるだけ多くの人に知ってほしい、共感してほしいと思って思考されるものです。しかし、ここに大きな罠《わな》が潜んでいます。

「『みんな』に伝えようとして思考されたアイデアは、誰にも受け入れられない」

私は思考するとき、特定の「誰か」を想像するようにしています。たった１人を想像することにより、そのディテールまで明確に想像できるからです。

わかりやすい例を出してみましょう。

あなたがチョコレートメーカーの宣伝担当者だとします。２月14日に新聞広告を出稿するとして、どのようなキャッチコピーを思考しますか？

「義理チョコで人間関係を作ろう」

一見正しいコピーに見えるかもしれません。「義理チョコをたくさん配れば上司が喜んで人間関係が作れる」という提案型のコピーに見えます。

しかし、考えてみてください。義理チョコくらいで人間関係が構築できるでしょうか。

人間関係の構築は、そうカンタンにはいきません。楽しい時間や悲しい時間、悔しい時間をもにしてこそ、でき上がるものです。

自分が、誰か人間関係を構築した特定の人を思い浮かべて書いたら、こういうコピーは生まれません。つまり、このコピーは**「みんなに伝えようとした誰の顔も思い浮かべずに書かれたコピー」**と言えるのです。

一方で、こう書くとどうでしょう。

「渡したくて買ったけど、渡せなかった。」

一見ネガティブなコピーに見えます。チョコレートのキャッチコピーとしては、否定的な意見が出そうです。

実はこのコピーは、私の大学時代の友人の話をもとにしています。何人かの、別の友人にこの話をしたところ「すごくよくわかる」と、みなとても共感してくれました。

つまり、この言葉は「1人に伝えようとして、結果的に多くの女性の共感を得たコピー」と言えるのです。

「『誰か』を思い浮かべて思考したアイデアのほうが、『みんな』を思い浮かべて思考したアイデアより、結果的に『みんな』の共感を得られる」

もう1つ例を挙げましょう。私がまだ広告代理店にいた頃、ある新聞社の仕事で「敬老の日」に書いた啓発広告のコピー。

「ばあちゃんはいつも、俺より長く手を振っている。」

このコピーは、すでに他界した私の母方の祖母を想って書きました。
母の実家は熊本県の川尻というところにあり、小学生の頃、夏休みには決まって川尻に帰り、1カ月を過ごしていました。
そして、夏休み終盤となる8月末。祖父や叔父に空港まで送ってもらうのですが、祖母は車に乗った私たちが見えなくなるまで（おそらく見えなくなっても）手を振っていたんですね。その姿が目に焼きついて離れず、「敬老の日」をテーマにした仕事がきたとき、情景と「お題」が結びついて、このコピーが生まれたのです。

このコピーは、先ほどと同じく私という1人だけの体験をもとにしています。しかし、このコピーが世に出るや、多くの人から「自分の祖母を思い出して涙が出た」「このコピーを読んで、久しぶりに祖母に会ってきました」という言葉をいただきました。

つまり、**たった1人の経験をもとに書いたコピーが、多くの人の共感を得た**のです。「みんなこうだろう」という視点で書いていたら、こういう経験はできなかったはずです。アイデアは、結果的には「みんな」に伝わるほうがいい。しかし、思考の過程においては、「みんな」を見るのではなく、たった1人の「誰か」を想像して思考したほうがいいのです。

「みんな」に届けたいアイデアほど、
1人の顔を思い浮かべて思考する。

第2章

一瞬で思考できる「思考11の公式」

人は毎日、さまざまな局面でアイデアを求められています。

自分が担当する商品を売るためのアイデア、就活を勝ち抜くためのアイデア、想いをよせる女性とのデートプラン、送別会を盛り上げるアイデアなど、アイデアを必要としない日はないほど、思考と葛藤《かっとう》の日々を送っているはずです。


この章では、そんな、ビジネスのオンオフ、就活、恋愛等関係なく使える「思考11の公式」をご紹介します。

アイデアが必要なとき、「お題」を公式に当てはめてみてください。驚くほどアイデアが出てきます。そして、あなたの思考に対する苦手意識は、完全に解消されるはずです。

誰でもすぐに使える「思考11の公式」

1. **常識⬇非常識術**……「お題」の常識を書き出し、非常識に変え「お題」とくっつける

2. ライバル接着術……「お題」と真逆のモノ・コト・ヒトを書き出し、「お題」とくっつける

3. 付属品接着術……「お題」の近くにある付属品を書き出し、「お題」とくっつける

4. 限定術……「お題」を地域、対象者、人数、シチュエーション、時期のいずれかで限定する

5. 順番入れ替え術……「お題」のベタな順番を並べ、順番を入れ替える

6. 他者憑依術……他者に憑依《ひょうい》し、「お題」にアプローチする

7. 鉄板モチーフ術……「お題」と動物、赤ちゃん、女子高生、セクシー、恐怖、プロポーズ、結婚式を絡める

8. ワールドレコード術……「お題」にワールドレコード用語をくっつける

9. ニュースコラボ術……流行しているキーワードと「お題」をコラボさせる

10. 著名フレーム利用術……誰もが知っている著名なフレームを「お題」に当てはめる

11. 4大欲求満たし術……「お題」を食欲、睡眠欲、性欲、承認欲と結びつける

1

常識➡非常識術……

「お題」の常識を書き出し、非常識に変え「お題」とくっつける

まず、「思考11の公式」の1番目。この本の冒頭でも触れた思考術「常識➡非常識術」について説明します。みなさん覚えていますね？

「お題」の常識を書き出す

⬅

非常識に変える

⬅

「お題」とくっつける

いきなり「考えろ」「アイデアを出せ」と言われても困ってしまいますが、「お題」に対

して、ただ「常識を書き出すだけ」なら誰にでもできます。書き出せたら、それを非常識に変えればいいだけです。おさらいになりますが、「新しい立ち食い蕎麦屋」について思考をするときは、立ち食い蕎麦屋の常識である、

- 気軽に入れる
- 安い
- 早い

を書き出し、それらを非常識に変える、

- **会員制**
- **1杯2000円**
- **出てくるまでに30分**

また、「新しい銭湯のコンセプト」であれば、銭湯の常識である、

●男湯と女湯が分かれている
●番台さんがいる
●壁に富士山が描いてある
●入浴料が安い
●下駄箱に靴を入れる

を書き出し、非常識に変える。

●**混浴**
●**番台さんがロボット**
●**壁の絵がゴッホの『ひまわり』**
●**入浴料が5万円**
●**入っている間に靴を磨いてくれている**

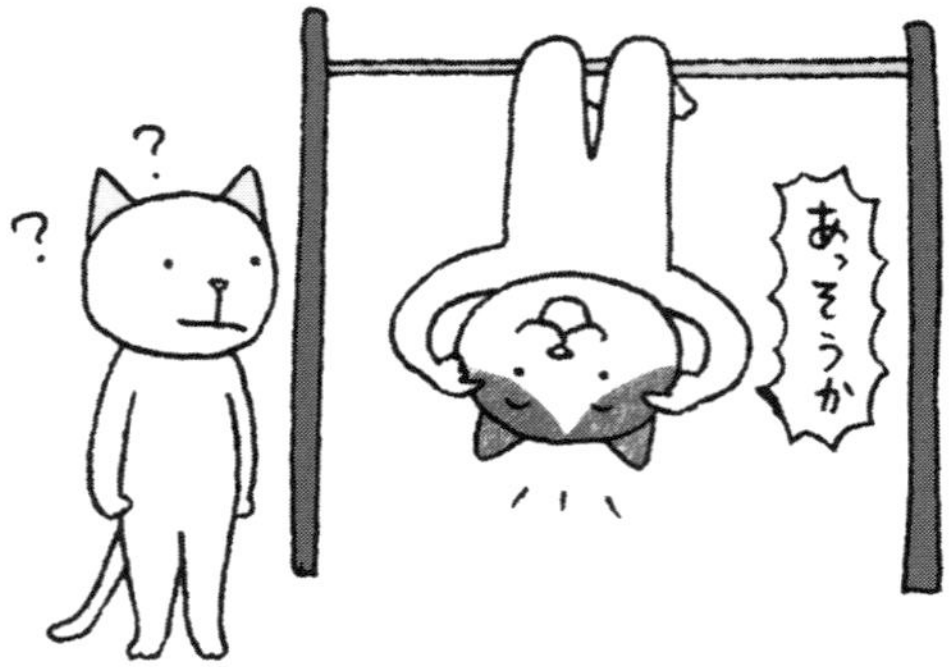

ということになります。カンタンですね。

実は世の中にある優れたアイデアのなかにも、この公式を使えばカンタンに生み出せるものがあります。いくつかご紹介していきます。

「大人のお菓子」

このコンセプトのお菓子は、今やさまざまなメーカーから発売されています。これも「常識⬇非常識術」で生み出せるアイデアと言えます。思考の過程を説明します。

お題……「今までにないお菓子のアイデア」

「お題」はおそらく、こういうものでしょう。この「お題」に対して「常識⬇非常識術」を使います。

「『お題』の常識を書き出し、非常識に変える」

まず、「お菓子の常識」について書き出してみます。

●子どものもの
●安いもの
●スーパーで売っているもの

これらを、非常識に変えます。

●**大人のお菓子**
●**1万円のお菓子**
●**シャネルで売っているお菓子**

どうでしょう。すぐに「大人のお菓子」というアイデアが出てきましたね。「子どものもの」という固定概念にとらわれてしまうと、なかなか出にくいアイデアですが、「常識⬇非常識術」を使えばカンタンに思考できることがわかります。

最近、東京でブームとなっているこのアイデアでも試してみましょう。

「立ち食いフレンチ」

ひと昔前は、フレンチと言えば正装、マナーが厳しく、おしゃべり厳禁というイメージでした。しかし、今では立ち食いスタイルでフォアグラやエスカルゴを楽しめるような、カジュアルなフレンチが増えてきました。

このアイデアも「常識⬇非常識術」を使えば、カンタンに生み出すことができます。

◆お題「まったく新しいフレンチの業態を考えろ」

まず、昔ながらのフレンチの常識を書き出します。

- 豪華な椅子とテーブル
- 値段が高い
- いくつものナイフとフォークで食べる
- ドレスコードは正装

そして、非常識に変えます。

- **立ち食い**
- **1品100円**
- **つまようじで食べる**
- **ドレスコードは水着**

新しいフレンチのアイデアが生まれましたね。１品１００円や、プールサイドで食べるフレンチは、私の知るかぎりまだ存在しないので、もし、フレンチの新業態で頭を悩ませている人がいたら、参考にしてみてはいかがでしょうか。

このように、すでに世の中にあるアイデア、絶賛されているアイデアの数々も、この「常識⬇非常識術」を使えば、カンタンに思考できるのです。

常識 ➡ 非常識術

Q：新しい立ち食い蕎麦屋のアイデア

❶「お題」の常識を書き出す

- 気軽に入れる
- 安い
- 早い

↓

❷ 非常識に変える

- 会員制
- 1杯2000円
- 30分かかる

↓

❸「お題」とくっつける

- 会員制「立ち食い蕎麦屋」
- 1杯2000円の「立ち食い蕎麦屋」
- 30分かかる「立ち食い蕎麦屋」

ON

2 ライバル接着術……

「お題」と真逆のモノ・コト・ヒトを書き出し、「お題」とくっつける

突然ですが「ヤンキー」のライバルは何だかわかりますか？

もちろん対立するグループのトップが一番のライバルと言えるかもしれませんが、少し視点を変えると、次の存在もライバルと言えます。

- 警官
- 生徒会長
- 可愛い子犬

ヤンキーとは、けっして交わらなさそうな対極の存在。たとえば、あなたがこういう場面を目撃したとします。

「ヤンキーと警官が肩を組んで歩いている」

目が釘づけになりませんか。しばらくはじっと見つめてしまいますよね。なぜ見つめてしまうか。それは「驚き」があるからなんです。けっして交わらなさそうな対極の存在が交わっている画に、あなたは「新しい」と感じるのです。

アイデアの本としてあまりにも有名な、ジェームス・W・ヤング氏の『アイデアのつくり方』（CCCメディアハウス刊）には、こう書かれています。

「すべてのアイデアは既存の要素の新しい組み合わせである」

つまり、すべてのアイデアは「すでに知っているコト・モノ・ヒト」の「新しい組み合わせ」にすぎないのです。

初めてこの言葉に出会ったとき、私は「世の中のアイデアとは意外とシンプルな法則でできているのだな」と感心しました。そして同時に、あることに気がついたのです。

「すべてのアイデアがすでに存在しているもので成立しているなら、『出会っていない可能性の高いもの』を見つけ出せばいいのではないか？」

「出会っていない可能性の高いもの」が見つけ出せれば、それをくっつけるだけで、天才的なひらめきも芸術的な才能も必要とせず、新しいアイデアを生み出せる。そう考えたのです。そして、このことに気がつきました。

「対極にあるものをくっつければ『新しい』ものが生まれる」

普段、けっして交わることのない対極のものを、意図的に出会わせ、新しいアイデアを生む。それが「思考11の公式」の2番目、「ライバル接着術」です。

「お題」そのものと真逆のモノ・コト・ヒトを書き出す

⬅「お題」とくっつける

これだけです。たとえば、日本のことわざに「犬猿の仲」というものがありますね。これはまさに「けっして交わらない真逆の二者」を表したことわざです。

お題……「動物を使ったCMのアイデア」

こういう「お題」があったとします。「ライバル接着術」を使って思考すれば、「動物で真逆の二者」を探すことになり、すぐに、犬と猿が出てきます。

「犬と猿が仲直りするCM」

くっつけるだけで、とても面白そうなＣＭのアイデアができましたね。別の「お題」で一緒にやってみましょう。

お題……「新しい沖縄旅行のアイデア」

「お題」と真逆のコト・モノ・ヒトを書き出し、くっつけてください。

◆お題「新しい沖縄旅行のアイデア」

私はこう思考しました。沖縄の真逆と言ってすぐに浮かんでくるもの。

そう「北海道」です。あとは、「お題」と「北海道」をくっつけるだけ。

「旭川の住民が考えた沖縄旅行」

旭川と言えば、日本の歴代最低気温ランキング1位のマイナス41度を記録した場所で、年中暖かい沖縄とはまさに真逆の存在です。日本でも暑い県の新たな魅力を、日本で最も寒い地域の住民が考える。「驚き」のあるアイデアが生まれました。

もちろん旭川以外をライバルにすることもできます。

土地的に逆の解釈を拡大すれば、ブラジルをライバルと捉《とら》えることもできますし、沖縄の定義を「沖縄そばの土地」とすれば、沖縄で流行った家系ラーメンの店がライバルになるかもしれません。

「ライバルをどう思考するか」、それこそが「あなただけのアイデア」を生み出します。思考に制限をかけることなく、ライバルと思えるものをどんどん書き出し、「お題」とくっつけてみてください。

ライバル接着術

Q：新しい沖縄旅行のアイデア

❶ お題と真逆のコト・モノ・ヒトを書き出す

旭川（北海道）

↓

❷ お題とくっつける

旭川の住人が考えた「沖縄旅行」

ON

3 付属品接着術……

「お題」の近くにある付属品を書き出し、「お題」とくっつける

あなたの生活になくてはならないもの、または、常識となりすぎていてアイデアとは気づいていないものはたくさんあります。

- 消しゴム付き鉛筆
- 洗濯乾燥機
- 先割れスプーン

これらは、ある1つの共通したルールでできているのをご存じですか?

そう、別々に使われていた2つのモノが「近くにある」という理由で結びつけられ、商品化されたものなのです。このように、「『お題』の近くにあるものをくっつける」という

のが「思考11の公式」の3番目、「付属品接着術」になります。やり方はこうです。

「お題」の近くにある付属品を書き出す

⬅

「お題」とくっつける

別の「お題」で一緒に考えてみましょう。

お題……「新しいビールの売り方のアイデア」

ビールの近くにある付属品を書き出し、「お題」とくっつけてください。

◆お題「新しいビールの売り方のアイデア」

ビール好きで、ビールに非常に思い入れのある私は、こういう付属品を書き出しました。

- **柿ピー**
- **枝豆**
- **「乾杯!」という声**

まさに鉄板ラインナップです。これらをビールとくっつけてみます。

「柿ピー付きビール」
「枝豆味のビール」
「乾杯専用ビールジョッキ」

「柿ピー付きビール」、どうですか。すぐにでも仕事を切り上げて試したくなりますよね。ビールと柿ピーをくっつける、思いつきそうで思いつけないアイデアですが、「付属品接着術」を使って思考すれば、カンタンに出てきます。

「枝豆味のビール」も捨てがたいアイデアですよね。味の調整は難しそうですが、一石二鳥のビールとして時短ブームにも乗りそうです。

「乾杯専用ビールジョッキ」はシチュエーションを限定することで使いたくなるというアイデアです。普通のビールよりも乾杯したとき泡がはじける。または、乾杯したときに変わった音が出るなど、より演出を加えていけば、ヒットが期待できる商品になりそうです。

付属品接着術

Q：新しいビールの売り方のアイデア

❶「お題」の近くにある付属品を書き出す

柿ピー
枝豆
「乾杯！」という声

↓

❷「お題」とくっつける

柿ピー付き「ビール」
枝豆味の「ビール」
乾杯専用「ビール」ジョッキ

4 限定術……
「お題」を地域、対象者、人数、シチュエーション、時期のいずれかで限定する

「限定する」というのも「新しいアイデア」を作る公式になります。

以下に挙げたヒット商品の数々も「限定する」ことにより、世の中に「驚き」を与えることに成功しました。

●ご当地キティ
●太郎割
●1日1組のレストラン
●朝専用缶コーヒー

「ご当地キティ」は地域を限定、「太郎割」は対象者を限定、「1日1組のレストラン」は

人数を限定、「朝専用缶コーヒー」はシチュエーションを限定したということですね。

「思考11の公式」の4番目、「限定術」は、このように何かを限定することで、「プレミアム感」や「驚き」を与えるというものです。やり方はこうです。

「『お題』を次のいずれかで限定する」

- **地域**
- **対象者**
- **人数**
- **シチュエーション**
- **時期**

これだけです。たとえば、あなたが脱サラして居酒屋を開くとします。どういうアイデアだとお客さんに来てもらえるでしょうか？

お題……「新しい居酒屋のアイデア」

●飲み放題の居酒屋
●全品３００円均一の居酒屋

こういうアイデアだと、すでにどこかにありそうですね。これでは、ライバル店でなく、新しくできたあなたの店にわざわざ行く理由はなさそうです。しかし、「限定術」を使うとこうなります。

地域を限定する↓「アマゾンの川で獲れた食材だけを出す居酒屋」
対象者を限定する↓「広告マン限定居酒屋」
時期を限定する↓「月に1日しかオープンしない居酒屋」

一気に「驚き」のある居酒屋になりましたね。アマゾンの川で獲れた食材だけを出す居酒屋には「怖いもの見たさ」で行ってみたいですし、広告マン限定居酒屋は、広告業界の情報交換に最適な場所になるでしょう。
月に1日しかオープンしない居酒屋。フレンチなどではよく聞くアイデアですが、居酒屋でやると、かなり評判になりそうです。うまくPRすれば、「予約の取れない居酒屋」としてメディアに取り上げられること間違いなしですね。
次は、別の「お題」で、思考してみましょう。

お題……「新しいエコバッグのアイデア」

地域、対象者、人数、シチュエーション、時期のいずれかで限定してください。

◆お題「新しいエコバッグのアイデア」

私は、地域、対象者、時期でこう限定しました。

地域を限定する→「ミラノの刑務所で作られたエコバッグ」
対象者を限定する→「妊婦限定エコバッグ」
シチュエーションを限定する→「夜間専用エコバッグ」

どれも「驚き」のある新しいエコバッグのアイデアになりましたね。話題性とデザイン

性を備えた「ミラノの刑務所で作られたエコバッグ」は、おしゃれな若者に受け入れられそうなアイデアですし、「妊婦限定エコバッグ」は、軽くて「体調が優れないとき椅子になる」など機能面を充実させれば人気が出そうです。「夜間専用エコバッグ」は、夜間だけ発光する塗料などを使用すれば、事故をなくす効果まで期待できます。

一点、「地域を限定する」に関しては、「生産地」で限定するか、「消費（使用）地」で限定するか、２つのパターンで考えられます。両方で思考して、より良いものを選んでください。

限定術

Q：新しい居酒屋のアイデア

❶「お題」を何か（地域・対象者・人数・シチュエーション・時期）で限定する

地　域
対象者
時　期

↓

アマゾンの川で獲れた食材を出す「居酒屋」
広告マン限定「居酒屋」
月に１日しかオープンしない「居酒屋」

5 順番入れ替え術……

「お題」のベタな順番を並べ、順番を入れ替える

『古畑任三郎』という刑事ドラマを知っていますか。主演の刑事役に田村正和さん、三谷幸喜さんが脚本を手掛けた人気ドラマシリーズですが、この『古畑任三郎』には、それまでの日本の刑事ドラマと明らかに違う点がありました。

「初めに犯人がわかる」

それまでの刑事ドラマの常識は、こうでした。

●誰かが殺される（犯人はわからない）
●刑事が証拠と推理で犯人を追いつめる

●犯人と犯行の手口がわかる
●犯人が犯行を認める

しかし、『古畑任三郎』は、犯人と犯行を先に見せておき、視聴者に「誰が犯人なのか？」ではなく「古畑がどうやって犯人を追いつめるのか」という点に興味を持たせながらストーリーを進めるという手法をとりました。

アメリカの人気シリーズ『刑事コロンボ』で、すでに採用されていた倒叙《とうじょ》という手法ですが、それを本格的に取り入れた刑事ドラマということで視聴者に「驚き」を与えました。

『古畑任三郎』のこのアイデアは、「思考11の公式」の5番目、「順番入れ替え術」で思考することができます。

「お題」のベタな順番を並べる

⬅

順番を入れ替える

『古畑任三郎』に当てはめてみましょう。まず、刑事ドラマのベタな順番はこうです。

1. 誰かが殺される
2. 刑事が証拠と推理で犯人を追いつめる
3. 犯人と犯行の手口がわかる
4. 犯人が犯行を認める

『古畑任三郎』はこうなります。

3. 犯人と犯行の手口がわかる（1を含む）
2. 刑事が証拠と推理で犯人を追いつめる
4. 犯人が犯行を認める

3が最初にきていることがわかります。刑事ドラマのベタな順番が、入れ替わったのです。これが、視聴者に「驚き」を与え、「新しい刑事ドラマ」と認識されヒットにつながったのです。
では次に、別の「お題」で一緒に思考してみましょう。

お題……「新しいフランス料理店のアイデア」

まず、フランス料理のベタな順番を並べてください。次に、その順番を入れ替え、思考しましょう。

◆お題「新しいフランス料理店のアイデア」

フランス料理のベタな順番はこうです。

1. 前菜
2. スープ
3. 魚料理
4. お口直し
5. 肉料理
6. デザート

この順番を入れ替えます。

「デザートから始まるフレンチ」

「驚き」のあるフランス料理店になりましたね。アミューズになるデザートなのか、食前酒のスパークリングワインそのものがデザートになっているのか。美食家たちを中心に人気に火がつき、雑誌やテレビで取り上げられている画が浮かんできます。
また、「飲み物」の順番で思考するとこうなります。

1. 食前酒
2. 白ワイン
3. 赤ワイン
4. コーヒー
5. 食後酒

この順番を入れ替え、

「ブランデーから始まるフレンチ」

フレンチの王道ならコニャック、アルマニャック。もう少し「驚き」を狙《ねら》って、イタリアの食後酒グラッパから始めても面白いかもしれません。きっと話題の店になるでしょう。

順番入れ替え術

Q：新しいフランス料理店のアイデア

❶「お題」のベタな順番を並べる

前　菜
スープ
魚料理
お口直し
肉料理
デザート

❷ 順番を入れ替える

デザート
前　菜
スープ
魚料理
お口直し
肉料理
デザート

6 他者憑依術……

他者に憑依し、「お題」にアプローチする

あなたにとってお父さんとはどういう存在ですか？

「ちょっと口うるさい人」と答える人もいれば、「飲み友だちみたいな人」と答える人もいるでしょう。「神様のような存在」と答える人もいるかもしれません。

一方で、あなた以外の家族にとって、お父さんはどういう存在でしょうか？

お母さんにとっては……「最愛の人」
お姉さんにとっては……「何でも買ってくれる人」
犬のポチにとっては……「散歩に連れて行ってくれる人」

お父さん1人の存在に関しても、人それぞれ、さまざまな捉え方があります。このさま

ざまな「捉え方の違い」を利用して思考するのが、「思考11の公式」の６番目、「他者憑依術」になります。

１つの「お題」に対して、他者に意図的に憑依して、さまざまな視点から思考するというものです。やり方はこうです。

他者に憑依する

⬅

「お題」にアプローチする

憑依する相手は、初めは身内や友人、同僚のほうがいいです。この人に「お題」を渡したら「こう言うだろう」「こう思うだろう」ということを予想してください。

たとえば、こういう「お題」があったとします。

お題……「定年する部長の送別会を盛り上げるアイデア」

他者に憑依せずに思考すると、こうなります。

- みんなで乾杯
- 思い出の映像とみんなのメッセージを送る
- 部長の挨拶《あいさつ》

しんみりしますね。送別会なんて「別れ」なんだからしょうがないじゃないかと思うかもしれません。しかし、「他者憑依術」を使い部長に憑依して思考すると、こういうアイデアが出てきます。

「定年後にみんなが部長と一緒にやりたいことをプレゼンする送別会」

みんなに送られる部長が「二度と会社のメンバーとは会いたくない」と思っていたとしたら話は別ですが、盛大な送別会を開いてもらうほど人望のあった部長ならきっと、

「まだ、みんなとつながっていたい」

と思うはずです。そこで「部長との関係【SEASON2】」ということで、「定年後に部長と一緒にやりたいことをプレゼンする」という送別会にするのです。部長にとっては、みんなが泣いてくれるより、はるかにうれしく「驚き」のある送別会になります。

このように「他者憑依術」は、意図的に他者に憑依して思考し、「驚き」のあるアイデアを出すものです。憑依する相手の選択は、思考が慣れてくるにしたがって、どんどんエスカレートさせていきましょう。

- **話したことがない同級生**
- **好きな芸能人**
- **ハリウッド女優**
- **ドラマやアニメの主人公**
- **透明人間**
- **宇宙人**

●携帯

などなど。少し知っている人、知らない人、芸能人、外国人、架空の人物、宇宙人、モノなど徐々に自分から遠ざけていくことで、より「驚き」のあるアイデアが生まれます。

次は、もう１つ別の「お題」を一緒に考えてみましょう。

お題……「まったく新しいバスツアーのアイデア」

試しに、ドラマの主人公に憑依して思考しましょうか。ドラマの主人公に憑依して、新しいバスツアーを思考してください。

◆お題「まったく新しいバスツアーのアイデア」

近年最も流行したドラマと言えば『半沢直樹』ですよね。半沢直樹に憑依して思考するとこうなります。

「半沢直樹のロケ地を巡るバスツアー」

会社を休んででも行きたいツアーですよね。大和田常務が最終回で土下座した会議室で昼食をとり、半沢直樹が剣道の稽古《けいこ》をした道場で剣道体験、半沢の妻、花がバイトしていたカフェでお茶を飲んで、伊勢島ホテルに宿泊。最後にみんなで「倍返し」と大声で叫んで解散。日頃の鬱憤《うっぷん》も晴らせて一石二鳥の旅になりそうです。

また、特定のドラマではなく、複数のドラマを横断し、

「月９のキスシーンのロケ地を巡る」

というアイデアも面白いですね。10代、20代、30代、40代、それぞれに受けるドラマは違うので、年代別でバスツアーを組むと良いかもしれません。私だったら、『東京ラブストーリー』『１０１回目のプロポーズ』『あすなろ白書』あたりがいいな、なんてついつい考え込んでしまいますよね。

他者憑依術

Q：定年する部長の送別会を盛り上げるアイデア

❶ 他者に憑依する

部　長

↓

❷「お題」にアプローチ

定年したあとに
部長と一緒にやりたいことをプレゼン

7 鉄板モチーフ術……

「お題」と動物、赤ちゃん、女子高生、セクシー、恐怖、プロポーズ、結婚式を絡める

私は普段、クリエイティブ・ディレクターとバイラルメディアの編集長という二足のわらじをはいていますが、２つの仕事に共通する課題というものがあります。

「いかにネット上で話題にするか」

広告文脈で言えば、「企業からの依頼で作ったＣＭをいかにネット上で話題にするか」、バイラルメディア文脈で言えば、「いかに話題になる記事を作るか」ということです。そして、２つの仕事をやっていて、つくづく感じるのは、

「１００％の正解はない」

ということです。一度話題にできた成功体験を活用し、同じ曜日の、同じ時間、似たようなコメントとともにネット上に公開したとしてもまったく反応がないということがあります。つくづくネット上で話題にしてもらうことの難しさを実感します。

一方で、広告クリエイターとして13年、バイラルメディアの編集長として1年間やってきて、100％の正解はないものの、ある程度話題化の可能性を高める方法論は持っています。それが、「思考11の公式」の7番目「鉄板モチーフ術」です。

鉄板モチーフとは、以下の7つです。

1. 動物

2. 赤ちゃん

3. 女子高生

4. セクシー

5. 恐怖

6．プロポーズ
7．結婚式

昨今、ネット上で話題になっている動画や記事の多くが、この鉄板モチーフを使って作られている現状があります。つまり、これら鉄板モチーフと「お題」を絡めることが、ネット上で「驚き」を生む公式となります。やり方はこうです。

「お題」と鉄板モチーフを絡める
⬇
意味が通じるように調整する

たとえば、こういう「お題」があったとします。

お題……「今までにないアイスクリームのアイデア」

鉄板モチーフの1つ、「女子高生」を使うと、こういうアイデアが出ます。

「年齢確認が必要な女子高生専用アイスクリーム」

気になりますよね。甘酸っぱい味がしそうです。30代男性なので買えない、でも、とても気になる。確実に話題になるアイスクリームですよね。また、別の鉄板モチーフである「セクシー」を使うとこういうアイデアが出ます。

「18禁アイスクリーム」

さらに気になりますね。「ダメ」と言われたら欲しくなるのが人間の性《さが》ですから、「18禁アイスどこかで買えないだろうか?」「欲しすぎる」といったコメントとともにSNSで話題になりそうです。

もう1つ、別の「お題」で一緒にやってみましょうか。

◆お題……「新しい100均ショップのアイデア」

私は、鉄板モチーフのなかで、「プロポーズ」を使いました。モチーフはそれぞれ考えやすいものを選んでください。

こういうアイデアはどうでしょうか。

「プロポーズグッズだけの100均ショップ」

ケーキに仕込むための指輪入れ、フラッシュモブの簡易練習器具などが売っているお店です。ネットショップも同時に開けば、ニッチながら確実にニーズのある店になりそうですね。また「結婚式」という鉄板モチーフを使うと、

「結婚式グッズだけの100均ショップ」

というアイデアを思考することもできます。プロポーズと結婚式はニーズが近いですから一緒にしてもいいかもしれません。

ありそうでないアイデアというものは、まだ世の中にいくらでもありますから、鉄板モチーフを使ってどんどん思考してみてください。

鉄板モチーフ術

Q：今までにないアイスクリームのアイデア

❶「お題」と鉄板モチーフを絡める

女子高生

セクシー

↓

❷ 意味が通じるように調整する

女子高生専用アイスクリーム

18禁アイスクリーム

8 ワールドレコード術……

「お題」にワールドレコード用語をくっつける

思考するうえで有効な方法の1つに、

「極端に振り切る」

というものがあります。「思考11の公式」のなかの「常識⬇非常識術」では、常識をよりあり得ない非常識に、「他者憑依術」では、憑依する相手をモノや宇宙人など突き抜けたものに、「限定術」では、来月誕生日を迎える東京都渋谷区恵比寿3丁目在住の女性など、より限定的に思考してみると、思わぬ「驚き」に出会えることが多いのです。

この「思考の振り切り」をカンタンに作り出せるのが「思考11の公式」の8番目、「ワールドレコード術」になります。

「お題」にワールドレコード用語をくっつける

⬅

意味が通じるように調整する

という方法です。もう少しカンタンに説明すると、「お題」に、

●世界一大きい
●世界一小さい
●世界一長い
●世界一短い
●世界一早い
●世界一遅い

など「ワールドレコード用語」をくっつけて思考するのです。

この思考法、意外と固定概念にとらわれていると出てこないアイデアが生まれます。たとえば、私たち広告クリエイターは、ＣＭと言えば15秒、30秒という秒数を前提条件にしています。しかし、「ワールドレコード術」で思考してみると、アプローチ方法が変わってきます。

お題……「まったく新しいＣＭ表現のアイデア」

というものがあったとき、

「世界一短いＣＭ」

と思考することができます。すると「１秒のＣＭを15本作ればいいじゃないか」とか、「そもそもＷＥＢムービーだったら秒数は関係ないから１秒でいいよね」というように、前提を崩して思考することができるのです。

もう1つ例を出してみましょう。次はご一緒に。

お題……「有名になる温泉宿のアイデア」

空前の温泉ブームで、今や日本の温泉は、土日はかなり予約が取りづらくなっています。しかし、一方で、温泉地域ごと、温泉宿ごとに人気の格差は激しく、集客に苦労している地域や、経営の厳しい温泉宿が多数存在するのも事実です。

そこで、これから新しく造る温泉宿、もしくは再生を狙う温泉宿が、有名になったり、メディアに取り上げられそうなアイデアを思考してみます。温泉、または温泉宿に「ワールドレコード用語」をくっつけて思考してみてください。

◆お題「有名になる温泉宿のアイデア」

面白いアイデアは生まれましたか？　私の思考はこうです。まず、各ワールドレコード用語を、温泉や温泉宿、温泉モチーフにくっつけます。

「世界一大きい温泉まんじゅう」
「世界一小さい温泉」
「世界一長い洞窟風呂」
「世界一短い浴衣」
「世界一早い朝食」

「世界一遅いチェックアウト」

どれも良さそうですね。「世界一大きい温泉まんじゅう」「世界一早い朝食」あたりは、あまり費用をかけずに「驚き」を与えられそうです。さらに、「世界一熱い」というワールドレコード用語をくっつけて、こういう温泉にしてみるのはどうでしょう。

「世界一熱い温泉」

もう熱くて熱くて入れない温泉。入れないけど、気になる。世界一大きい温泉まんじゅうと、世界一早い朝食、世界一熱い温泉をてんこ盛りにしてしまって、

「世界一が3つある温泉宿」

というフレーズでアピールすることもできそうです。この本を手に取った温泉宿のオーナーさん、お金をかけずに「驚き」を与えるアイデア、試してみてはいかがでしょうか？

ワールドレコード術

Q：まったく新しいCM表現のアイデア

❶「お題」にワールドレコード用語をくっつける

ＣＭ

↓

❷ 意味が通じるように調整する

世界一短いCM

9　ニュースコラボ術……

流行しているキーワードと「お題」をコラボさせる

この文章を書いているのは２０１５年の年末。２０１５年の流行のキーワードはこういうものでした。

●ドローン
●セルフィー（自撮り棒）
●ウェアラブル（Apple Watch や JINS MEME などのウェアラブル端末）
●ルーティーン（ラグビー日本代表　五郎丸選手）
●トリプルスリー
●白紙撤回

つい最近のことだという人もいれば、懐《なつ》かしいと感じる人もいるのではないでしょうか。当たり前の話ですが、いつの時代も、どこの国でも、流行のキーワードというものが存在します。２０１５年の日本では、先のようなキーワードでしたし、２０１４年であれば、「アナ雪」や「カープ女子」「壁ドン」などです。

そして、その時代時代の流行のキーワードと「お題」をコラボさせる思考法が「思考11の公式」の9番目、「ニュースコラボ術」になります。やり方はこうです。

流行しているキーワードを書き出す

⬅

「お題」とコラボさせる

こちらも、シンプルでカンタンな思考法です。例を出してみましょう。

お題……「売り上げが落ち込んでいるスーパーを流行らせるアイデア」

仮に、２０１５年に流行したキーワードを使うとこうなります。

「ドローンを使って配達」
「セルフィー専門コーナー設置」
「ウェアラブルネギ発売」
「ルーティーンセール開催」
「トリプルスリータイムセール実施」
「値札を白紙撤回」

すべてそれなりに「驚き」のあるアイデアになりましたね。
ラグビー日本代表の活躍で話題となった「ルーティーン」というキーワードとコラボした「ルーティーンセール」について掘り下げるとこうなります。

「毎日同じ時間に買い物すれば30％オフ」

「毎週同じ日にカレーのルウを買った人にはもう1つサービス」

ただの割引やタイムセールではなく、「ルーティーン」と銘打ち、切り口を変えるだけで一気に新しいアイデアになりました。お客さんが面白がってくれること間違いなしです。

別の「お題」を出します。次は一緒にやってみましょう。

お題……「忘年会でウケる余興のアイデア」

忘年会の余興を先ほどの5つを含め、2015年に流行したキーワードから選んでコラボしてみましょう（爆買い　福山ロス　火花　結果にコミットする　マイナンバー　北陸新幹線　モラハラ　おにぎらず etc.）。

◆お題「忘年会でウケる余興のアイデア」

余興って考えるのがおっくうになりがちですよね。仕事もしなきゃいけないけど、忘年会でスベるのも嫌ですし……。

まず、余興に使えそうなキーワードとしては断然、「結果にコミットする」が使えそうです。「結果にコミットする」は、ターンテーブルの上に乗った男性や女性が、自身のボディのビフォーアフターを披露する、有名なライザップのＣＭのキャッチコピーです。

この「結果にコミットする」とお題をコラボさせれば、こういうアイデアが生まれます。

「会議前と会議後の同僚のテンションをビフォーアフターで表現する」

会議前は緊張でカチカチだったのに、会議が終わったら態度がコロッと変わっている。内輪ネタですが、確実に盛り上がります。

「奥さんの前と部下の前の部長の態度をビフォーアフターで表現」
「ゴルフが始まる前と終わったあとの社長の表情をビフォーアフターで表現」

など、シリーズで展開すれば、ドカンドカンと笑いが取れるはずです。ニュースとコラボするだけで、あなたは今日から宴会の達人です。

ニュースコラボ術

Q：売り上げが落ち込んでいるスーパーを流行らせるアイデア

❶ 流行しているキーワードを書き出す

ルーティーン

❷「お題」とコラボする

ルーティーンセール

ON

10 著名フレーム利用術……

誰もが知っている著名なフレームを「お題」に当てはめる

私が編集長を務めるバイラルメディア「街角のクリエイティブ」で、私が書いて35万ページビュー、1万4000シェア、2700ツイートを記録した以下の文章があります。

「JK用語で『鶴の恩返し』を読んでみた」

むかしむかし、あるところにおじいさんとおばあさんがジモメンと割と本気で暮らしていました。

ある日、おじいさんは街でオケった帰り、ヤバタンなぽっちヅルを見つけました。

「ちょ……ガチ？」

おじいさんはインスタとVineにガンなえした鶴の姿をアップしました。

おばあさんにもLINEを送りましたが既読スルーされました。

「ワラ」

家に帰ると、おじいさんはおばあさんに鶴への神対応について武勇伝を語りました。

すると玄関のコールが鳴る音がしました。

開けると98LineのオシャンティーなＪＫがサブバを持って立っていました。

「いまよろしかったでしょうか？　漫喫閉まってたから朝までモフらせてくんない？　吐きそうす」

「り」

きゃわわなＪＫにテンアゲしたおじいさんおばあさんはＪＫとオールすることにしました。翌朝、ハタ織り部屋から出て来たＪＫは、リアルにデコった布をおじいさんおばあさんに手渡しました。

「おしゃかわ……」

エモキュンしたおじいさんは秒でＪＫの布を売るため街へレリゴーしました。

布は街でくそツボり、おじいさんおばあさんは、ぷちょへんざして喜びました。

布の神売上はついに妖怪《ようかい》ウォッチを超え、〝ＪＫヌノ〟が流行語大賞を受賞したため、

ＪＫは来る日も来る日もパネェ量の布をデコるハメになりました。

「クソネミ」

そして、ある日ＪＫの塩対応におこぷんしたおじいさんが部屋を覗《のぞ》くと、つらたんな姿の鶴がいました。

「ハナシちがくね？ キモス」

そう言い残し、鶴は空へと飛び立って行きました。

おしまい。

この文章は、私が２０１５年1月15日に立ち上げた「街角のクリエイティブ」の認知度を上げるために書いた記事なのですが、偶然拡散したわけではなく、ある公式を使い、拡散することを確信して書いた記事なのです。

その公式が「思考11の公式」の10番目、「著名フレーム利用術」です。やり方はこうです。

誰もが知っている著名なフレームを探す

➡「お題」をフレームに当てはめる

「ＪＫ用語で『鶴の恩返し』を読んでみた」だと、『鶴の恩返し』が「誰もが知っている著名なフレーム」です。この公式の良い点はここです。

「アイデアを理解する労力を最小限にできる」

仕事としてアイデアを判断する立場にあれば別ですが、普通はアイデアを理解しなくても責められるということはないですから、理解に時間のかかるアイデアはどんどんスルーされてしまいます。

しかし、読む前から話の大枠を知っているなら理解にかける労力は最小限にすみますから、読解力も説明も必要なくなります。

著名なフレームには、昔話のほかに以下のようなものがあります。

1. 誰もが知っている名言
ドラマの名言、アニメの名言、歴史上の人物の名言、流行語など
2. 誰もが知っている話
昔話、人気ドラマ、人気アニメ、ヒット映画、お笑いのネタなど
3. 誰もが知っている歌
童謡、クラシック音楽など

たとえば、以下の「お題」があったとします。

お題……「天ぷら屋のキャッチフレーズ」

著名なフレームとして、「歴史上の人物の名言」を使うとこうなります。

「天は人の上に人をつくらず　人の下に人をつくらず
てんぷら　にしじま」

思わず「うまい」となってしまいますよね。こんなにウィットに飛んだ大衆的な天ぷら屋さんなら、安くても「驚き」のある味を提供してくれそうな気がします。

新しい例を、一緒に思考してみましょう。

お題……「友人の結婚式で流す寿ビデオのアイデア」

ここでは、「誰もが知っているアニメの名言」に当てはめてみましょうか。

◆お題「友人の結婚式で流す寿ビデオのアイデア」

私が思考したのは、アニメの名シーンを新郎が再現するというアイデアです。

『タッチ』→「上杉達也は浅倉南を愛しています。世界中の、誰よりも」
『ドラゴンボール』→「じゃ、結婚すっか」
『ルパン三世 カリオストロの城』→「やつはとんでもないものを盗んでいきました。あなたの心です」

新郎が普段言わないようなセリフを言ったり、噛《か》んでしまう姿に、新婦は笑ってしまうでしょうし、多くの人が知っているフレームなので出席者全員、子どもから、大人、おじいちゃんおばあちゃんまでカンタンに理解することができます。きっと、ガヤガヤした会場のなかでも、一体感ができ、みんなで盛り上がることができるでしょう。

これは、アイデアを理解する労力を最小限に押さえられる「著名フレーム利用術」だからこそできることなのです。

著名フレーム利用術

Q：てんぷら屋のキャッチフレーズ

❶ 誰もが知っている著名なフレームを探す

福沢諭吉の名言

❷ 「お題」をフレームに当てはめる

天は人の上に人をつくらず
人の下に人をつくらず

てんぷら　にしじま

ON

11

4大欲求満たし術……

「お題」を食欲、睡眠欲、性欲、承認欲と結びつける

人間の3大欲求とは何でしょうか?

● 食欲
● 睡眠欲
● 性欲

私の場合、ここにもう1つ欲求を足します。

● 承認欲

人間の３大欲求に「承認欲」を足した思考術が、「思考11の公式」の11番目、「４大欲求満たし術」です。これは、「お題」を４大欲求と結びつけることによって、「驚き」のあるアイデアを生み出すものです。やり方はこうです。

「お題」を次のいずれかの欲求と結びつける

- **食欲**
- **睡眠欲**
- **性欲**
- **承認欲**

たとえば、

お題……「新しい本のアイデア」

というものがあったとします。「食欲」と結びつけるなら、

「食べられる本」

となります。砂糖でできた本でも、お菓子のしおりがついた本でもいいです。食欲からのアプローチで本について思考してみるのです。

同じ「お題」を、「睡眠欲」と結びつけるとこうなります。

「読み始めて1分で寝られる本」

学者の先生に監修してもらい、人間が最も眠くなる言葉、色、匂いなどを使って作られた本です。実現へのハードルはありますし、流通をどうするかということも考えなければいけませんが、オリジナルのアイデアとして「驚き」を与えるでしょうし、実現できれば話題になること間違いなしです。

このように「4大欲求満たし術」は、「お題」を食欲、睡眠欲、性欲、承認欲と結びつける思考術になります。「４大欲求がない」という人はいないでしょうから、必ず多くの人に受け入れられるアイデアを生み出すことができます。

もう１つ例を出しましょう。次は一緒に考えてみましょう。

お題……「想いをよせている女性とのデートプラン」

たとえば、彼女が「イタリアン好き」という情報を持っていたとして、「４大欲求」と結びつけて思考してみてください。

◆お題「想いをよせている女性とのデートプラン」

良いデートプランを思考できましたか？
私はこう思考しました。イタリアン好きの彼女に「驚き」を与えるデートプランはこうです。

「美味しいイタリアン3軒はしごデート」

ただイタリアンに行くだけなら普通のディナーで終わりそうですが、スプマンテを飲みながら前菜を少し、店を替えてイタリアワインとメインを、締めにドルチェとイタリアの貴腐ワインを楽しむデートであれば、イタリアンに慣れている彼女も喜んでくれるデートになりますね。

また、彼女が忙しいキャリアウーマンだったら、「睡眠欲」と結びつけて、こういうアイデアを出すことができます。

「絶対に熟睡できる枕を作りに行くデート」

仕事が忙しい人ほど睡眠が重要になってきますので、忙しいキャリアウーマンの彼女に「良い枕屋さんがある」と言ってデートに誘えば、確実に「驚き」のあるデートを演出することができるでしょう。

4 大欲求満たし術

Q：新しい本のアイデア

❶「お題」を４大欲求（食欲・睡眠欲・性欲・承認欲）の何かと結びつける

食　欲
睡眠欲

↓

食べられる本
読み始めて１分で寝られる本

第3章

ビジネス・就活・恋愛……「思考11の公式」シチュエーション別実践法

「思考11の公式」はいかがでしたか。カンタンすぎてびっくりしたのではないでしょうか。「お題」が出たとき、「思考11の公式」に当てはめて思考するだけで、何十というアイデアが出てきます。読んだその日から、あなたを思考の達人にする公式でした。

ただこの本、これだけでは終わりません。まだ不安というあなたのために、第2章で学んだ「思考11の公式」を角度を変えて説明していきます。ビジネス、就活、恋愛の3テーマに絞り、「お題」を複数の思考術に当てはめて解説します。

この章は、ビジネス、就活、恋愛にテーマを絞って書いていきますので、自分に当てはまらない、シチュエーションに興味がないという人は、どんどん読み飛ばしてください。

以下の順に説明します。

1. ビジネス編……社長でも営業マンでも実践できる思考

2. 就活編……エントリーシートから面接まで、内定を勝ち取る思考

3. 恋愛編……彼氏、彼女をゲット、プロポーズまでできる思考

1 ビジネス編……
社長でも営業マンでも実践できる思考

この世の中にはさまざまなビジネス、職種があり、アイデアが必要となるシチュエーションも多岐にわたります。

私には、さまざまな業界で働く友人がいますが、みんなカタチは違えど「思考」や「アイデア」の悩みを抱えています。

事業主 → 事業そのもののアイデア、新しい商品、サービスのアイデア
企画 → 新しい商品やサービスのプロモーションのアイデア
ＰＲ → 自社や商品のブランディング、ＰＲのアイデア
商品開発 → 新しい商品やサービスのアイデア
デザイナー → 新しいデザインのアイデア

事務→効率を上げる新しい業務フローのアイデア、社員のやる気を引き出す新しい人事評価のアイデア

作業員→業務効率を上げるアイデア、検品体制の質を上げるアイデア

ざっと思いつく職種と必要なアイデアを挙げてみました。これを見るだけでも、

「ビジネスとアイデアは切っても切れない関係」

ということがわかります。

「僕は一生アイデアとつき合っていかなくてはいけないのか」と、悲鳴を上げたあなた、安心してください。この本は、いつでもそんなあなたの味方です。

まず、ビジネスにおいてアイデアが必要なシチュエーションを想定し、「思考11の公式」の実践法を解説していきます。

ケース1　新しい営業手法のアイデア

私は13年間、広告クリエイティブの仕事をしているなかで、さまざまな企業をクライアントに持ってきました。クライアントごとに抱えている悩み、課題は多様なのですが、規模の大小を問わず、共通で抱えている悩みの１つに、

「どうやって仕事を取っていくか」

というものがあります。トップ営業、飛び込み営業、テレアポなど、いわゆるプッシュ型の営業スタイルもあれば、良いプロダクト、良いサービス、良いデザインを作り続ければお客様がついてくる、というプル型の営業スタイルまで、さまざまな「仕事を取るスタイル」があります。

しかし、プッシュ型であれ、プル型であれ、昨今、採用されているあらゆる営業スタイルに既視感を感じてしまうのも事実です。

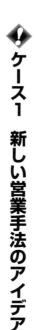

営業を受ける側からすると、どんなに魅力的な会社からのテレアポであっても、テレアポというだけでその他大勢と一緒にしてしまいますし、営業は第一印象がすべてですから、その時点で大きなマイナスになります。

そこで登場するのが「思考11の公式」です。11の公式のいずれかを使い、営業スタイルそのもので「驚き」を与えられれば、話を聞いてもらえる可能性は広がりますし、成功率も上がります。

お題……「新しい営業手法のアイデア」

使うのは「限定術」「他者憑依術」「ニュースコラボ術」です。

1.「限定術」を使って営業しよう

「限定術」は、「『お題』を地域、対象者、人数、シチュエーション、時期のいずれかで限定する」方法でした。新しい営業スタイルを思考するとき、どう限定すればいいか。

地域を限定する↓ここだと決めた地域を重点的に営業する
対象者を限定する↓１９７７年、京都生まれの人を限定で営業する
人数を限定する↓３人で遊んでいる人を限定で営業する
シチュエーションを限定する↓ゴルフ場で営業する
時期を限定する↓営業活動の時期を毎月1～10日と決めて営業する

どうでしょう。限定したほうが、営業するターゲットがより明確になり、目標がはっきりしてくるのがわかります。

たとえば、地域を限定することで、その地域を詳しく知ることができ、営業先での雑談の深みが増します。営業にかかわらずコミュニケーションを必要とするすべての仕事で、アドリブ力や雑談力が勝負の分かれ目になりますから、地域を限定することでかなりのアドバンテージを得ることができます。

対象者を限定することも同様です。

ジェネレーションギャップなんて言葉がありますが、３歳も年が違えば、読んでいたマンガ、見ていたドラマ、聴いていた音楽ががらりと変わって話が通じないなんてことはよくあります。対象者を限定することで、営業相手の年代の最大公約数的な趣味思考を把握でき、営業活動のプラスになるはずです。

人数やシチュエーションを限定することは、提案という意味で有利です。

たとえば、夫婦２人の家族と子どもがいる３人家族では、毎日の過ごし方から、週末の使い方、休みのあり方までまったく違うものでしょう。

週末は働かない人もいれば、週末のほうが落ち着いて仕事ができるという人もいます。営業する相手を明確化し、どの切り口で提案するかを戦略的に思考することが営業成績を大きく変えていくはずです。

また、毎日がむしゃらに営業するのではなく、１～10日は営業活動をする日、11～20日は提案書を作る日、21日から31日は営業の戦略を練る日、と時期を限定して営業してもいいでしょう。

このように、「限定術」を使って思考することで、営業相手に「驚き」を与えることができます。「受けたことのない新しい営業の話なら聞いてみよう」と思ってもらえるはずです。

2．「他者憑依術」を使って営業しよう

「他者憑依術」は、「他者に憑依し、『お題』にアプローチする」という思考術でした。営業する場合は、誰に憑依するのが良いでしょうか。もちろん、

「営業相手」

ですね。

営業相手に憑依することで、自分が売り込もうとしている商品、提案しようとしている企画が相手企業でどのような決裁フローに乗っていくかを、想像することができます。

企画会議がある

⬇

部長が企画を決める

⬇

予算を管理している部署が企画を精査する

⬇

社長にあげる

⬇

決定

相手企業の決裁フローがこのようなものだとして、たとえば、企画会議に出す「自社の商品を組み込んだ」資料を、営業相手の代わりに作ってあげるという営業ができます。

営業相手は毎日忙しいでしょうから、仕事が1つ減ったと喜んでくれるでしょうし、あなたにすれば自社の商品が入った企画ですから、通れば営業成績に直結します。

また、「予算を管理している部署の人」に憑依すれば、営業相手の社内で通しやすい見積書を作成することができます。

会社によって、制限の厳しい見積もり項目などがあるはずですから、その部分を極力抑えられるように社内、社外を調整して、見積もりではじかれないようにすることができます。これも立派な営業のテクニックです。

また、社長に憑依することも有効です。

社長のブログを毎日チェックし、社長が理想とする会社の方向性、ビジョン、または、趣味、趣向などを把握し、それを提案に活かしていく。そうすると「この企画、社長が言っていた話に近いですよ」となり、無闇に営業をかけている競合会社を出し抜くことができるのです。

3.「ニュースコラボ術」を使って営業しよう

「ニュースコラボ術」は、「流行しているキーワードと『お題』をコラボさせる」というものでした。「流行しているキーワードとコラボした営業」というのは、どういうものでで

しょうか。まず、この本を書いている２０１５年12月時点で流行しているものであれば、第２章でも挙げた、

●ドローン
●セルフィー（自撮り棒）
●ウェアラブル（Apple Watch や JINS MEME などのウェアラブル端末）
●ルーティーン（ラグビー日本代表　五郎丸選手）
●トリプルスリー
●白紙撤回

などがあります。そのほかにも、

●チョイ呑み
●ペッパー
●ふるさと納税

などが流行のキーワードでした。そこで、

「ルーティーン営業」

というのはどうでしょうか。毎日決まった時間に、決まった服装、決まったフレーズで営業に行く。

昔は、豆腐屋が来る時間で現在時刻を把握していたなんて話も聞いたことがありますが、それと同じ考え方で、ルーティーンを作ることで相手の生活に自分という存在をすり込むのです。初めは煙たがられるかもしれませんが、持続させることで相手の生活になくてはならない存在になるでしょう。

また「チョイ呑み」をくっつければ、

「ルーティーンチョイ営業」

というアイデアが生まれます。毎日来るけど、1分しかいない。みんなにひと言ずつ声をかけて帰って行く営業がいたら、社内ではその人の話題で持ち切りになるはずです。そして、「今日は決めるぞ」というときには、30分くらい滞在します。「あれ、あの人いつも1分なのに今日は30分もいる。なんだか得した気分」となるわけです。

予定調和をあえて作り、それを崩すことで注目されるという「驚き」のある営業手法を生み出すことができますね。

ケース2　社員のモチベーションを上げるアイデア

フリーランスでビジネスをしている人、スポーツ選手や、将棋の棋士など特殊な能力でお金を稼いでいる人以外は、おおむね同僚と一緒に仕事をしていますよね。

そして、個の集合体である企業において、経営者が気をつけなくてはいけないものの1つに、

「社員のモチベーション」

があります。例えば、まったく同じ実力を持った2つの企業があり、一方は社員全員のモチベーションが低く、仕事は嫌々。

もう一方は、社員全員のモチベーションが高く、自ら進んで仕事に取り組んでいる。

同じ実力があるはずのこの2つの企業が1年間営業を続けたら、業績は同じにはならないはずです。

つまり、社員のモチベーションを上げることは、会社経営において最も重要なものと言っても過言ではないのです。

私も、社員を抱えて仕事をしていますが、社員のモチベーションの上げ方、評価の仕方には、常に試行錯誤を繰り返しています。


ここではそんな経営者や人事担当者が持つ課題に助け舟を出すべく、「思考11の公式」を使い、社員のモチベーションを上げるアイデアについて思考します。

お題……「社員のモチベーションを上げるアイデア」

使うのは「順番入れ替え術」「ワールドレコード術」「4大欲求満たし術」です。

1.「順番入れ替え術」を使って社員のモチベーションを上げよう

社員のモチベーションに一番関わり合いの深い「評価」を軸に、「社員のモチベーションの上げ方」について思考します。

使う公式は、「順番入れ替え術」です。「順番入れ替え術」とは、『お題』のベタな順番を並べ、順番を入れ替える」というものでした。評価という軸で、ビジネスマンの1年間のスケジュールを順番に並べるとこうなります。

1. 期首に計画を立てる
2. 仕事をする
3. 期首に立てた計画の達成度を期末に見る
4. MVP社員を決定する

もちろん同じようなことを四半期で区切って実行している会社もありますが、いずれにせよ、おおむねこのような順番になります。この順番を入れ替えてみます。

4．ＭＶＰ社員を決定する
1．期首に計画を立てる
2．仕事をする
3．期首に立てた計画の達成度を期末に見る

4番目の「ＭＶＰ社員を決定する」を一番初めに持ってくると、

「まず、ＭＶＰを決定する」

というアイデアが生まれます。期首に「今季のＭＶＰはあなたです」と発表してしまうのです。誰を選ぶかは、慎重な判断が必要ですが、もともと成績の良い社員ならより責任感を持って取り組むでしょうし、成績の悪い社員なら何とかＭＶＰの名に恥じないように努力するはずです。

「期首にボーナス額を提示する」

という方法も考えられますが、会社の業績がどうなるかわかりませんし、金額が確定してしまったらサボってしまう社員もいると思いますので、「タイトルだけ渡す」というのが良い方法だと言えます。

また、このような「驚き」のある施策は、ＰＲ効果も望めます。「ユニークな会社」として有名になれば、採用が楽になったりとプラスの効果がいくつも生まれてきます。

2.「ワールドレコード術」を使って社員のモチベーションを上げよう

「ワールドレコード術」とは、「『お題』にワールドレコード用語をくっつける」というものでした。具体的には以下のワードをつけるというものでしたね。

●世界一大きい
●世界一小さい
●世界一長い
●世界一短い
●世界一早い
●世界一遅い

「ワールドレコード術」を使い、社員のモチベーションを上げるアイデアを思考してみましょう。

ここで重要なのは、

「ポジティブなものが最大化されている」
「ネガティブなものが最小化されている」

ということです。たとえば、こういう方向ですね。

「社員が喜ぶことが、世界一長く（大きく）なっている」

「社員が嫌がることが、世界一短く（小さく）なっている」

次に、具体的なアイデアに落とし込んでみます。まず、ポジティブなものが最大化されたアイデアとして以下のものが考えられます。

「世界一長い休暇」

「世界一高いボーナス」

「世界一大きいデスク」

続いて、ネガティブなものが最小化されたアイデアとして、以下のものが考えられます。

「世界一短い労働時間」

「世界一遅い出勤時間」

どれも、必ず社員のモチベーションは上がります。こちらも対外的な「驚き」を生むことができる施策なので、社員のモチベーションアップだけでなく、ＰＲ効果も期待できそうです。

3.「4大欲求満たし術」で社員のモチベーションを上げよう

「4大欲求満たし術」とは、『お題』を食欲、睡眠欲、性欲、承認欲と結びつける」というものでした。まず、すべての欲求に「お題」を結びつけてみます。

- 「食欲」と結びつけて社員のモチベーションアップ
- 「睡眠欲」と結びつけて社員のモチベーションアップ
- 「性欲」と結びつけて社員のモチベーションアップ
- 「承認欲」と結びつけて社員のモチベーションアップ

食欲と結びつけると「社食を久兵衛にする」など、有名レストランとのコラボが考えられたり、承認欲と結びつけると「評価表に褒める項目しか存在しない」など、極端に承認欲を満たすアイデアなどが考えられます。

ここでは最も「驚き」を与えられそうな「睡眠欲」と結びつけてみましょう。

「昼寝すればするほど評価が上がる」

「昼寝のリフレッシュ効果は、夜の3倍ある」という研究結果があるくらい、昼寝は、科学的に仕事の効率を上げるものとして認められています。つまり、仕事の効率を上げるために、昼寝を推奨し、人事評価の項目に、

「昼寝評価」

を記載するのです。昼寝が評価につながれば、「寝られるし、評価されるし、願ったり叶ったり」となりますね。また、

「昇進すればするほど高級な枕が支給される」

というユニークなインセンティブまで作ったとしましょう。「次に昇進したらテンピュールだ！」というように、ゲーム感覚で楽しんでもらいながら、社員のモチベーションを上げられるはずです。

「４大欲求で、本能的にモチベーションを上げる」

一度試してみてはいかがでしょうか。

2 就活編……

エントリーシートから面接まで、内定を勝ち取る思考

「かゆいところに手が届く」がモットーの「思考のスイッチ」。次のターゲットはずばり、

「就活生（就職活動生）」

です。ここではまず、ほとんどの就活生が陥っている罠をご紹介します。

「みんなと同じように就活をやっている」

就活生の多くが、「自分が所属するコミュニティー内で一番就活に詳しい人」の見よう見まねで就活を始めてしまいます。

社会人としゃべった経験はゼロ、どうアピールすればいいかなんてわかりませんから、就活に詳しい友人の言うことを、そのまま鵜呑《うの》みにし、就活を進めます。

しかし、冷静に考えてみてください。たった100人の採用枠に1万人が受けに来るような就活の世界で、周りの人たちと同じような動きをして内定を勝ち取れるでしょうか。

2003年に、私が新卒で入社した広告代理店も、採用枠150人前後に対して、1万2000人以上の応募がありました。大ホールに設けられた筆記試験会場で、当時の人事担当者が言った「残念ながらここにいらっしゃる99％の人は内定することができません」という言葉は、衝撃的すぎて今でも覚えているくらいです。

言わずもがなですが、広告代理店以外の、商社、テレビ局、旅行会社、外資金融といった人気業種の企業のほとんどが「内定を得られない就活生の数のほうが圧倒的に多い」という状況です。

このような状況下で、内定を勝ち取るために必要なこと。それは、

「他者といかに差別化し、自分を採用する妥当性を作るか」

なのです。１００人に１人しか採用されない企業に、どうすれば自分を選んでもらえるか。どうすればほかの99人と差別化できるか。

それに対するアイデアが、就活の明暗をくっきり分けてしまうのです。つまり、

「どう自分を『驚き』のある存在としてアピールできるか」

さらに、差別化という視点は「他の就活生」に留まらず、「志望する企業の社員」にも向けられます。企業は、変化と進化を繰り返しながら成長を続けていますから、新しく採用する人材には、「その企業に変化や進化を起こせる能力」を求めます。ですから、

「その企業にはない『新しい何か』を持ってこられる人間」

であることも内定を勝ち取るために必要な視点なのです。

「驚き」を与えられる就活生になるために、あなたが打てる対策。

それは、「思考11の公式」を使うことなのです。

ここでは「思考11の公式」を使って、就活の2つの重大事項「エントリーシート」と「面接」について思考していきます。

ケース1　印象に残るエントリーシートの作り方

エントリーシートとは、学生が就職活動をするうえで、最初に越えなければいけない大きな壁です。そして、エントリーシートのなかで最も重要な要素が、自己PRと志望動機です。

良いエントリーシートとは、**「自己PRと志望動機をつなげた1本の線の延長上に企業活動が置かれている」**というものですが、昨今の厳しい就活事情を鑑みると、大学時代、スポーツや芸術、実業などで圧倒的な結果を残したりしていないかぎりは「企業活動から逆算して、自分の歴史を作る」という行為も必要になってきます。

「旅行会社に就職するために世界1周する」
「映画会社に就職するために学生時代に映画賞を獲る」
「広告会社に入るために学生論文コンクールに入賞する」

などを行うということです。

すでに、就活に長《た》けた学生は当然のようにやっているこの行為ですが、問題なのはアイデアがカブりすぎていることです。たとえば、このアイデア。

「バックパッカーとして世界1周しました」

もちろん就活など関係なく、自分の楽しみとして世界1周する分にはまったく問題ありません。

しかし、就活のために世界1周しようとしている人がいたら、今すぐやめたほうがいいです。20年前なら通用したアイデアかもしれませんが、今では、少なく見積もっても50人に1人くらいは、この手のアイデアで勝負しに来ます。1万人が受けに来る人気企業であれば、200人ほどの学生が、似たような自己ＰＲをエントリーシートに書いてくる計算になります。これでは全員落とされて終わりです。

エントリーシートは就活の第一関門、ここで落とされてはいけません。

「思考11の公式」を使って、必ず通過する「新しいエントリーシートのアイデア」を思考していきましょう。

お題……「印象に残るエントリーシートの作り方」

使うのは「鉄板モチーフ術」「著名フレーム利用術」「4大欲求満たし術」です。

1．「鉄板モチーフ術」を使って印象に残るエントリーシートを作ろう

まずは「鉄板モチーフ術」を使い、自己ＰＲの話をします。「鉄板モチーフ術」とは、『お題』と動物、赤ちゃん、女子高生、セクシー、恐怖、プロポーズ、結婚式を絡める」というものでした。これらを自己ＰＲと絡めると、こうなります。

●「動物」とエントリーシート
●「赤ちゃん」とエントリーシート
●「女子高生」とエントリーシート
●「セクシー」なエントリーシート
●「恐怖」のエントリーシート
●エントリーシートで「プロポーズ」
●「結婚式」とエントリーシート

ここでは「セクシーなエントリーシート」と「恐怖のエントリーシート」が良さそうですが、「セクシーなエントリーシート」は好みが分かれると思うので、「恐怖のエントリーシート」に絞ってみます。

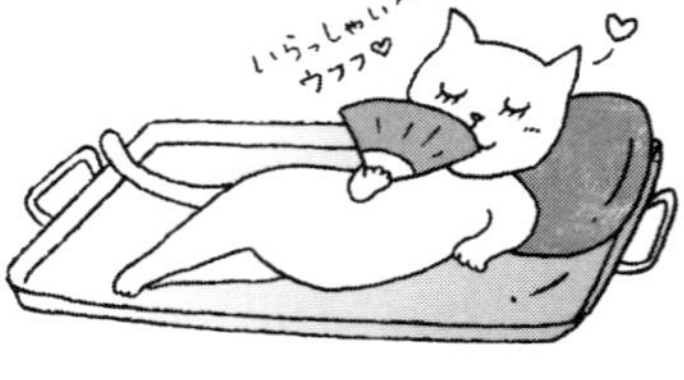

「世界30カ国、200のお化け屋敷を回った男」

どうでしょう。「驚き」のある新しいアイデアになっています。1万人いたとしても、

絶対にカブらないでしょう。これで、自己ＰＲとしては十分、あとは、

「お化け屋敷をテーマにしたイベントをテレビ局でやりたい」
「恐怖というものをモチーフに広告会社で表現の仕事がしたい」
「お化け屋敷を商社で事業化していきたい」

など、志望する企業、業界によって、志望動機を調整すれば良いだけです。

2.「著名フレーム利用術」を使って印象に残るエントリーシートを作ろう

「著名フレーム利用術」は、自己ＰＲ、志望動機を含め、エントリーシートの各項目について思考するうえで、とても有効に使えます。

たとえば、あなたが体育会系の部活をしていて、寮に住んでいたとします。それまでの完全なる上級生至上主義の雰囲気を変え、下級生がものを言えるいくつもの改革を実行し、結果、部の成績が歴代最高になったとします。

そのことをアピールするとき、次のどちらの表現が興味を持てるでしょうか?

「上級生に歯向かって寮の雰囲気を変え、実績につなげた男」
「『現場を変えろ!』、上級生に歯向かった○○大学の青島俊作」

ドラマ『踊る大捜査線』という誰もが知っているフレームの、誰もが知っているフレーズを使ってアピールする後者のほうが、圧倒的に効率良くアピールすることができます。

女性で学生時代、家事派遣のバイトをしていたのであれば、「○○大学の家政婦のミタです」というふうにアピールしてもいいですし、エントリーシートに「自由にあなたを表現してください」と書かれていたら、『鶴の恩返し』や『シンデレラ』などのフレームに当てはめてアピールすることもできます。

「聞きたくなる言葉で、伝える」

自分がアピールしたいことを、より理解しやすく、より興味の持てるカタチで伝えたいとき、「著名フレーム利用術」はとても有効な手段となるのです。

3．「4大欲求満たし術」を使って印象に残るエントリーシートを作ろう

「4大欲求満たし術」を使い、何千、何万というエントリーシートのなかで埋もれずに自分をアピールする方法を思考してみましょう。

本当にアピールしたいこと、志望動機はメインの欄に書くとして、趣味の欄にこういうことを書いている学生がいたらどう思いますか？

「日本全国3000店舗のカレーを制覇しました」

気になりますよね。そして、次にこう書いてあります。

「御社近辺の欧風カレーですとここ、インド系ですとここ、スープカリーですとここ。隣駅になりますが、この店のピクルスも最高です」

この学生とカレーの話をしたくなりませんか。エントリーシートに書かれた就活生の趣味といえば、見る側にとって興味が持てない、テニスや映画鑑賞など代わり映えしないものがほとんどです。

しかし、このカレーエピソードには、見る側の「食欲」に訴えかけるものがあります。しかも、相手のメリットを考え、会社近くのカレーのレコメンドまで付いています。このエントリーシートを見たら、誰もが「こいつは仕事できそうだ」と思うはずです。

圧倒的に本能に訴える、圧倒的に差別化されたエントリーシートで、書類通過は間違いないでしょう。

ケース2　面接で印象に残すアイデア

エントリーシートと並んで、就活生の頭を悩ませているのが面接です。

必ずしも「めっちゃ話聞くよ！」というスタンスの面接官ばかりではありませんから、基本的に、こちらから積極的に印象に残るよう工夫していく心構えが必要です。

お題……「面接で印象に残すアイデア」

使うのは「常識⬇非常識術」「他者憑依術」「4大欲求満たし術」です。

1.「常識⬇非常識術」を使って面接で印象に残そう

「常識⬇非常識術」とは、『お題』の常識を書き出し、非常識に変え『お題』とくっつける」というものでした。まずは、面接の常識を書き出してみましょう。

●とにかく自分をアピールする
●多くの自分を、多くアピールする

などが考えられます。これらを非常識に変えます。

「自分をアピールしない」

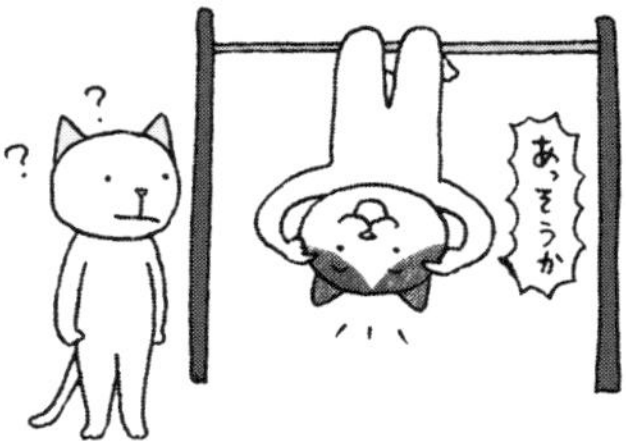

「たった1つの自分をアピールする」

たとえば、集団面接やグループディスカッションに参加するとします。自分が面接で言いたいことは決まっていますから、**他者は無視してとにかく制限時間内に全部を言い切りたい、自分を一番目立たせたい**と思うかもしれません。

しかし、集団面接やグループディスカッションには「他者」が存在します。つまり、面接官には絶対評価ではなく、相対評価という視点が生まれます。他者をうまく活かしたり、自分を殺してでも議論を前に進めたり、より良い結果を生み出すコミュニケーション能力は、結果的に面接官にあなたを印象づけることにつながるのです。

面接の常識にとらわれず、常に最適な対応を取ること。これが面接に臨むうえで持っておいたほうが良い視点なのです。

「たった1つの自分をアピールする」というのも、必要な視点です。

書類選考を無事通過、面接に進んだとしても、大企業ではまだまだ数百人、数千人のライバルが残っています。1人の面接官が1日に何百人もの学生を面接することになります。

そこで、必要なのがこれです。

「自分に記号性をつける」

いろいろな自分をアピールして印象が薄まるより、強烈な１つの印象を面接官に残し、何百、何千といるライバルのなかで埋もれないようにする。

「ああ、あのトマトオタクね」とか、「あの４Ｄプリンターの話しかしなかったやつね」など。記号自体に「驚き」のあるものがベストですが、そうでなくても面接が終わったとき、**「あなたを言い換える記号性が残っている」**状態を意識して面接に臨むということが大切です。

2.「他者憑依術」を使って面接で印象に残そう

就活の場合は、誰になり切れば良いでしょうか。もちろん、

「面接官になり切る」

というのが有効です。面接官には、忙しい業務の間に、人事に頼まれたから仕方なく出席しているという人もいます。自分が面接官の立場だったとして、就活生がどういう話をすれば、面接して良かったと思うでしょうか。

「知らない話が聞けたとき」

ですね。たとえば、

「広告代理店の社員にマーケティングの話をする」

というのは自殺行為です。なぜなら、相手の土俵で相撲を取りにいっているから。幕内力士に、アマチュアが挑むようなものですから、相手が退屈してしまいます。同様に、

「出版社の人に出版の未来について話をする」

「テレビ局の人に番組の企画の話をする」

なども自殺行為です。

忙しい時間を割いて、知っている話を延々とされたら、笑顔で聞く振りはしていても、きっと退屈するはずです。しかし、こういう話だとどうでしょう？

「女子大生が話題にしている書籍アプリ」
「就活生がこぞって読んでいるビジネス書」
「大学で流行っている Vine 動画の話」

一気に身を乗り出して聞きたくなりますよね。

つまり、面接官に憑依して、どんな就活生の話なら興味を持って聞いてもらえるか、どんな話題なら面接官が知らないか、を考えて面接に臨むと、その場で「驚き」を与えることができるのです。

3.「4大欲求満たし術」を使って面接で印象に残そう

エントリーシートのパートでも使った「4大欲求満たし術」は面接でも有効です。ここでは食欲、睡眠欲、性欲、承認欲のなかから「承認欲」を使い、面接で印象に残るアイデアについて思考してみます。

「面接とは何ですか？」と聞かれたらあなたはどう答えますか？

「自分をアピールする場です」

こう答えるかもしれません。間違ってはいないのですが、就活スキルの高い学生はこう答えるでしょう

「コミュニケーションの場です」

2つの違いは何でしょうか？　そうです、

「一方通行か、双方向か」

面接とは学生の話を聞く場ではありません。社会人としてのコミュニケーションスキルをはかる場です。

つまり、友だちとの会話、彼女との会話、サークルの仲間との会話と同じように自分だけが満足していてはいけません。話を聞く相手を楽しませてこそ、良い面接と言えるのです。

では、相手を楽しませるには、どうすれば良いでしょうか？

「承認欲」に訴える

ですね。面接を受ける企業の取り組みについて、ビジョンの素晴らしさについて、そして、それらと自分の接点について。自分のアピールを交ぜながら相手企業を褒めるのです。自分を採用することがいかに当たり前のことなのか。それを本能に訴えかけながらアピールしてください。

面接官個人の「承認欲」に訴えかけることも有効です。どの部署の面接官かその場でわかれば、ＯＢ訪問や企業研究で得た、その部署の施策の素晴らしさや成果、そして、ＴＰＯは考えるべきですが、面接官の服装や、取り入れている流行を褒めつつ話を広げていくのも有効なテクニックと言えるのです。

「面接とは、相手の承認欲求を満たしつつ、自分をアピールする行為である」

このことを覚えておいてください。

3 恋愛編……

彼氏、彼女をゲット、プロポーズまでできる思考

あなたは恋愛で失敗したことがありますか？

「告白できないでいるうちに、相手が他の人とつき合ってしまった」

「2人での食事の機会をうまく活かせず、次に誘ったら断られてしまった」

「結婚後、うまくコミュニケーションが取れず離婚してしまった」

今までの恋愛経験のなかで、いずれかの経験をした人は多いのではないでしょうか。

「何言ってんの？　私は恋愛マスター。失敗したことなんてない」

という人もなかにはいるかもしれませんが、たいていの人は恋愛において、何かしらの苦い経験を持っているものです。そして、恋愛で失敗したとき、こう思った人も多いでしょう。

「もし恋愛に公式のようなものがあったら……」

恋愛は難しい。１００％の正解なんてないはずです。でも、こういう公式を知っていたらどうでしょう？

「女性と話すとき、初めに相手の名前を言って話し始めたほうが良い」

「男性とデートするとき、1日に1回は『さすがです』『こういうの、初めてです』という言葉を使ったほうが良い」

「公式に溺《おぼ》れてはいけない」と思うものの、このセオリーを知っている人と知らない人、どちらが異性に好感を与えるでしょうか？

この本は、「恋愛指南書」でも「モテるための本」でもありません。私も恋愛のプロでもなければ、心理学者でもないので、恋愛について語ることすらおこがましいと思っています。

しかし、恋愛においてどうしてもアイデアが必要な局面があったとき、「思考11の公式」を使うことはできる、そう考えています。

ケース1　好きな相手に自分をアピールするアイデア

まずは恋愛の悩みで一番多いのではないか、とも思えるこの「お題」です。

お題……「好きな相手に自分をアピールするアイデア」

使うのは、「ライバル接着術」「限定術」「ニュースコラボ術」です。

1．「ライバル接着術」を使って自分をアピールしよう

「ライバル接着術」とは『お題』と真逆のモノ・コト・ヒトを書き出し、『お題』とくっつける」というものでした。

「恋愛のライバル」と聞いて、すぐ思いつくのは「相手が想いをよせる人」ですが、必ずしもそれだけがライバルではありません。ヤンキーのライバルに、警官や生徒会長、可愛い子犬がライバルだったように。

この「お題」に対するライバルを、こう定義してみましょう。ここでは男性目線で考えます。

「彼女の時間を奪っているもの」

こう考えたとき、ライバルがあぶり出されてきます。

「彼女が働いている時間」
「彼女が趣味の山登りをしている時間」
「彼女がスマホを使っている時間」

これら、ライバルと「お題」をくっつけて、思考してみましょう。

「彼女の会社と自分の会社が共同で取り組めるプロジェクトを立ち上げる」
「アウトドア系のブログを始めて彼女を取材する」
「彼女がはまっているゲームを始めて情報交換し合う」

アピールと言えば、何げないＬＩＮＥのメッセージを送るだけ、ひたすら誘い続けるだけというイメージを持ってしまいますが、「ライバル接着術」を使い、ライバルを改めて

定義、思考していけば、忙しい相手、多趣味な相手だからこそ、うまくアピールできるアイデアが見つかります。

恋愛は行動力も重要ですから、あとは実践に移すだけです。

2.「限定術」を使って自分をアピールしよう

次は女性目線で考えます。自分をアピールすると言ってもけっして「しつこい男がいるから今日だけ彼氏のフリして」とドラマふうにしてみたり、「良い人がいればつき合いたいんだけど、なかなかいないんだよね」という定番フレーズを使うことは避けましょう。「限定術」をうまく使うことで効果的なアピール方法を思考することができます。ポイントは、彼のメリット。自分に興味がないということも想定し、彼がどうしてもデートしたくなるような理由を「限定術」で作り出すのです。

シチュエーションで限定すると、こうなります。

「映画のカップルデー割引」

「今日まで50％オフのフレンチコース」

「安く映画を観る」という誘いであれば、変な詮索《せんさく》もなくつき合ってくれるでしょうし、高級フレンチのコースを半額で食べられるという状況をつくれば、彼も喜んで来てくれるでしょう。また、誘う前は何とも思っていない存在でも、自分にメリットを与えてくれるあなたの存在が際立ちますし、同じ時間を共有すればするほど、間違いなくアピールにもなっていきます。

時期で限定することも効果的です。

「毎年、いちょう並木を見に行く」
「毎月、お互いの給料日にご馳走し合う」

時期を限定し、習慣化することで、彼に会う理由を作るのです。

「つき合っているから会う」

ではなく、

「いちょうを見るために会う」

という理由にすれば、彼と会うハードルは格段に下がるはずです。

彼との時間を共有し、じっくりアピールすることができますし、ショック療法的に、あるとき「習慣を破る」ことで、彼に喪失感を与え、あなたの存在を改めて考えるきっかけを作ることもできるでしょう。

「あなたの存在を、意図的に限定することで、大切な存在としてアピールする」

ここぞというときに、使ってみてはいかがでしょうか。

3. 「ニュースコラボ術」を使って自分をアピールしよう

ビジネスのパートでも登場した「ニュースコラボ術」は、恋愛においても有効です。流行のキーワードを使って、効果的なアピール方法について、男性目線で思考してみます。まずは、2015年に流行したキーワードを再度ピックアップします。

- 北陸新幹線
- 『火花』
- ブルーボトルコーヒー

これらと「彼女へのアピール」という「お題」をコラボさせます。

「北陸新幹線に乗って金沢へお寿司を食べに行く」
「『火花』を貸す」
「デートにブルーボトルコーヒーを持って行く」

どうでしょうか。「どこでもいいから日帰り旅行に行こう」という誘い方だと、かなりハードルが上がりますが、「最近開通した北陸新幹線に乗って金沢へ行こう」と誘えば「今、話題になっているから行きたい」となり、ハードルは確実に下がるはずです。

また、「本を貸す」という行為は、当たり前の話ですが、もう一度会う理由を作れますし、もしあまり本を読まない女性であれば、良い箇所に付せんをつけて「10分で読める『火花』」として貸すこともできます。「文学をわかっている人」「親切な人」「アイデアのある人」というアピールにつながります。

デートにブルーボトルコーヒーを持って行くとどうなるでしょう。何もなしにデートを始めるのと、話題のコーヒーを持って一歩目を歩き始めるのでは、スタートダッシュが格段に違いますよね。「わざわざ買ってきてくれた」という想いも彼女に伝わるので、アピール度は増します。

これら、「ニュースコラボ術」で思考したアイデアが、次のようなものだったら、どうでしょうか？

●東海道新幹線で大阪へ行く
●自分が好きなマニアックな小説を貸す
●缶コーヒーを持って行く

一気に、アピール度が下がってしまいますね。むしろ、逆アピールにすらなる可能性がありますます。似たようなアイデアですが、流行のキーワードとコラボすることの有効性がわかると思います。

「ニュースコラボ術」は、流行の時期が過ぎると一気に逆効果になることもあるので、常にニュースをチェックしコラボするキーワードを更新していきましょう。

ケース2 一世一代のプロポーズのアイデア

女性はプロポーズについて、「静かに家でしてほしい」「みんながいるところで大々的にやってほしい」など、それぞれ理想のカタチを持っているものです。また最近は、女性のみならず男性も自分だけの理想のプロポーズプランを温めている人が多いです。

ただ、一番犯してはいけないのは、「自分は満足だけど、相手は興ざめ」のプロポーズですよね。家でしっぽりプロポーズしてほしい彼女に、駅で３０００人もいる前でフラッシュモブをやった日には、うまくいくものもいかなくなってしまいます。

お題……「一世一代のプロポーズのアイデア」

使うのは「常識⬇非常識術」「順番入れ替え術」「鉄板モチーフ術」です。

1.「常識⬇非常識術」を使って一世一代のプロポーズをしよう

「常識⬇非常識術」を、一世一代のプロポーズに応用してみましょう。
まずは、プロポーズの常識を書き出してみます。

●ロマンティックな場所で
●ひざまずき、彼女を見上げて
●心を打つひと言を自分の口で

が定番ですね。それを非常識に変えます。

●定食屋で
●気球の上から彼女を見下ろして
●花火にメッセージを書いて

定食屋でプロポーズというのも素敵ですよね。プロポーズの定番と言えばロマンティックな場所ですが、「絶対にプロポーズしなさそうな場所」でのプロポーズは「驚き」を与えられるので、とても有効なプロポーズになります。

「気球の上から、彼女を見下ろして」「花火にメッセージを書いて」というのも、お金はかかってしまいますが、「驚き」のある一生思い出に残るプロポーズです。

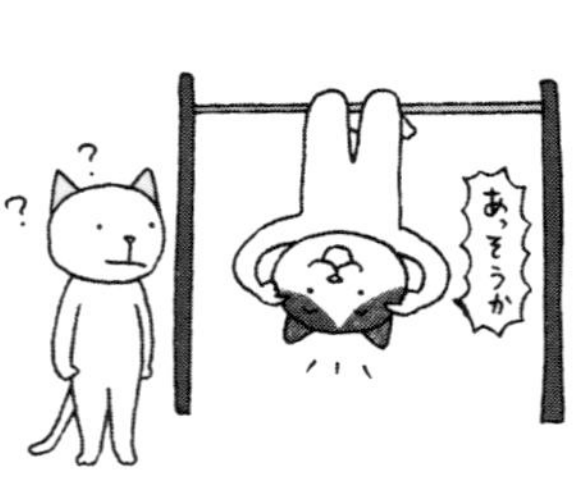

このように、ネットで見かけた、「定番はこうだ」というプロポーズの常識を疑い、その逆を思考することで、新しいプロポーズのアイデアを生み出すことができるのです。

ここで一点、気をつけておきたいのは、彼女の趣味趣向です。「常識⬇非常識術」で対象にするのは、「一般的な常識」であり、「彼女の常識」ではありませんので、「プロポーズの好み」を下調べして「大暴投」ということがないように気をつけてください。

2.「順番入れ替え術」を使って一世一代のプロポーズをしよう

「順番入れ替え術」も一世一代のプロポーズを思考する際に有効です。

すべてのジャンルの「お題」に言えることですが、「順番入れ替え術」は、順番が明らかに決まっているもの、みんなが「この『お題』の順番はこうだ」と常識的に思っていることであればあるほど、崩したときの「驚き」が生まれやすくなるのです。ドラマの構成しかり、フレンチのコースしかりです。

結婚までのプロセスなど、ある程度、お作法として順番が定型化されているものもそうです。

「一世一代のプロポーズ」を思考するにあたって、まずは、結婚までのベタなプロセスを並べてみます。

1．プロポーズ
2．両親へのご挨拶
3．結婚式
4．新婚旅行

ですね。「順番入れ替え術」を使うと、こういう思考ができます。

「1．プロポーズ・両親へのご挨拶・結婚式・新婚旅行」

つまり、

「4つを同時にする」

ということです。具体的なプロポーズはこうなります。

「プロポーズのＯＫが出た時点で」
「すでに呼んでいた両親と予約していた会場で結婚式」
「駐車場のリムジンでそのまま新婚旅行へ」

ジェットコースターみたいなプロポーズですが、確実に彼女に「驚き」を与えることができます。彼女はびっくりして言葉が出ないでしょうし、ずっと想い出に残る「一世一代のプロポーズ」になるはずです。

実際行動に移す際は、彼女の仕事のスケジュールなどを調整する必要がありますので、周りの人を巻き込みながら準備し、実行に移しましょう。

「予定調和を崩すと、人は驚く」

これを覚えておいてください。

3.「鉄板モチーフ術」を使って一世一代のプロポーズをしよう

最後に使うのは、「鉄板モチーフ術」です。「プロポーズ」という「お題」に、鉄板モチーフを当てはめてみるとこうなります。

●「動物」とプロポーズ
●「赤ちゃん」とプロポーズ
●「セーラー服」でプロポーズ
●「セクシー」なプロポーズ
●「恐怖」のプロポーズ

（プロポーズ、結婚式は「お題」そのもののため割愛）

もし、プロポーズする側が女性だったら、「セーラー服でプロポーズ」「セクシーなプロポーズ」などは有効かもしれません。

プロポーズする側に立ちやすい男性目線だと、「動物とプロポーズ」「恐怖のプロポーズ」が良さそうです。

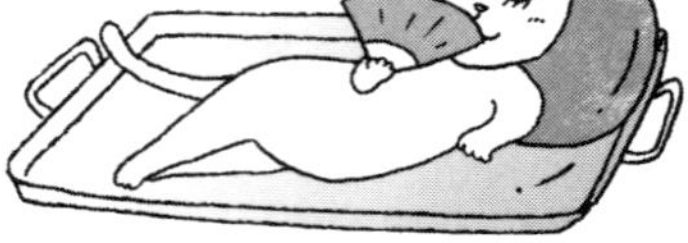

「白馬に乗ってプロポーズ」
「お化け屋敷でお化けの格好でプロポーズ」

というのはどうでしょう。「白馬に乗ってプロポーズ」、まさに王子様の登場です。「ついに白馬の王子様の迎えが来た」と彼女のテンションが上がるでしょう。

「お化け屋敷でプロポーズ」も、「驚き」という点では引けを取りません。彼女をお化け屋敷に誘導し、斧《おの》が頭に刺さったあなたが登場、血を垂《た》らしながらプロポーズ。ＯＫが出たらお化けオールスター（友だち）が登場しネタばらし。

一生の想い出に残るプロポーズになりそうですね。

一部、トリッキーなものもありましたが、「驚き」、「新しい」という切り口で、一世一代のプロポーズについて思考してみました。

プロポーズは人生最大のイベントですから、いくつもの方向性を思考し、決まった方向性でさらに思考、検証、実行と綿密に計画して動いてください。

恋は盲目。
困ったら公式を。

第4章

さらに思考する力をアップする習慣術

アイデアというものは気まぐれなもので、湯水のように出てくる日もあれば、なかなか出てこない日もあります。しかし「思考11の公式」を使えば、スランプの日でも、カンタンに思考することができます。

でも、考えるのは人間ですから、それでも思考に苦戦することがあります。誰でも、いつでも、カンタンに思考できる「思考11の公式」を使っても、なかなかアイデアが出てこない日があるかもしれません。

そんなときのために、ここでは、さらなる助け船を用意しました。「思考11の公式」以外に、思考を助ける習慣の話です。ここに書いた5つの習慣を実行し、さらなる思考の達人を目指しましょう。

ON 「好き」「嫌い」を何となくで片づけない

「好きな映画を1つ挙げてください」

こう聞かれたとします。あなたは、何と答えますか？

仮に、私が大好きな映画である『バック・トゥ・ザ・フューチャー』と答えたとします。

「その映画が好きな理由を挙げてください」

次にこう聞かれました。あなたの好きな映画で考えてみてください。

『スターウォーズ』『007』『ジュラシック・パーク』……。好きな理由は何ですか？

ちなみに、私が『バック・トゥ・ザ・フューチャー』を好きなのは以下の理由からです。

「スーパーカーとタイムトリップ、私の鉄板モチーフが2つそろっているから」

厳密に言うと、ストーリーが秀逸だとか、キャストが最高だとか、ほかにも好きな理由はいくつもあるのですが、「納得のいくように説明しろ」と言われれば、「鉄板モチーフが

2つそろっているから」と答えます。

『バック・トゥ・ザ・フューチャー』が好きな人のなかにも、私のように「タイムトリップものが好きだから」「スーパーカーが好きだから」という理由の人もいれば、「マイケル・J・フォックスが好きだから」「未来のテクノロジーが好きだから」「サウンドトラックが好きだから」と、別の理由を持っている人もいるでしょう。

好きな理由は何でもいいのです。重要なことは、

「好きな理由を説明する習慣を身につけてほしい」

ということなのです。好きと嫌いを「何となく」で片づけず、すべての物事に理由をつけるクセをつけるのは、思考のスキルを高める重要な訓練になります。

アイデアというのは「思いつき」のように考えられがちですが、実にロジカルなものです。普段から思考の道筋をつける訓練をしたり、結果から理由を引き出す訓練をしておくことで、自分が思考する際、「お題」からいろいろな方向に思考の道を広げやすくなるの

です。
今日から自分が好き、良いと思うものに対して必ず、

「なぜ好きなのか？」
「なぜ良いと思うのか？」

を考える習慣を身につけてください。

どんなつまらないことでもいい。「自分が一番詳しいもの」を作る

「オールラウンドプレイヤー」という言葉があります。野球で言えば、２０１５年の新語・流行語大賞に選ばれた「トリプルスリー」もそうですが、スピードとテクニック、パワーを兼ね備えた選手のこと。

ビジネスマンで言えば、営業もできるし、マーケティングもわかっている。企画もデザインもできる人。

つまり、ある競技やビジネスにおいて、結果の善し悪しを左右するすべてのスキルに秀でている人を「オールラウンドプレイヤー」と呼びます。

どの業界のどの職種で働く人でも、「オールラウンドプレイヤー」は、目指すべき理想形です。しかし、次のことを忘れてはいけません。

「初めからオールラウンドプレイヤーはいない」

『スラムダンク』というマンガをご存じでしょうか？

全世界で1億2000万部以上を売り上げた人気バスケットボールマンガですが、そのなかに主人公の最強の敵として登場する山王工業高校の河田雅史という選手がいます。高校ナンバーワンセンターでありながら、ガード、フォワードとしても一流。非の打ちどころのないオールラウンドプレイヤーです。

しかし、この河田選手が最初からオールラウンドプレイヤーではなかったという話が出てきます。入学時の身長が165センチ、それから1年で25センチも伸びていった。身長が伸びるとともにポジションがどんどん変わっていき、そのたびに血のにじむような努力をした。それが、彼を日本高校界最強のセンターに押し上げた、と記者が語るシーンがあります。

トリプルスリーを達成するような選手も同じです。もちろん、もともと運動能力は高く、スピードもあった。でも、絶え間ない努力の結果得たテクニックとパワーがあってこそオールラウンドプレイヤーになれた。

つまり、こういうことなのです。

「誰にも負けない何かがあってこそ、ほかのスキルが生きてくる」

私も、今はクリエイティブ・ディレクターとして、クリエイティブ・ディレクション、アート・ディレクション、CMのプランニング、コピーライティング、コンテンツの編集など、通常は分業して行う作業を1人でこなしています。

でも、そのスキルの源はすべて「言葉」です。

言葉を磨いて磨いて「強い言葉を作る力」を身につけたから、ほかのスキルが生きている。「言葉の力」があるから、迷ったとき、負けそうなとき、「一番強い言葉という武器」を取り出し、事態を打開することができると思っています。
すべてが中途半端だとこうはいきません。1つのスキルだけでは戦えないから拠りどころがない、打開もできないということになってしまいます。

「すべてにそこそこ詳しいより、誰よりもポケモンに詳しい」

こういう人のほうが、必ず突き抜けたアイデアを出せます。

「どんなつまらないことでもいい。『自分が一番詳しいもの』を作る」

これを意識してください。

すべての質問に「即答する」クセをつける

第1章でも話したことですが、アイデアは一見「量より質」と考えられがちですが、実は「質より量」です。厳密に言うと、

「量が質を生む」

ということです。アイデアの正解は、誰にもわかりません。だからこそ量を出すしかないのです。考えた量が多ければ多いほど、そのなかに正解（質）が交ざっている可能性が高いからです。

そして、量を生むために必要なのが、

「即答力」

です。「即答する」とは、何かの「お題」に対してその場でアイデアを出すことですから、それを鍛えることによって、1つのアイデアを生み出すのにかかる時間が短くなり、結果的に与えられた時間内で、より多くのアイデアを生み出すことができるのです。

私も日々、「即答力」を意識して仕事をしています。

クライアントから企画の依頼がきて、商品やサービスの詳細を聞いている最中から思考し、その場でプレゼンすることもあります。そうすると、思考のスイッチがオンになりますし、現場で1回プレゼンが終わっている状態になりますから、次の提案までブレずに数多くの思考をすることができるのです。

即答するクセをつけることは、**想定外の質問がきたときにも有効**です。

普段からすぐに思考し、アイデアを出す準備ができているので、不意の質問にも頭が回りやすく、すぐに答えることができます。

質問する側からしたら、質問したあと悩んでいる人より、「その質問はこういう意図ですよね。それはこういう理由で問題ないです」と即答されたほうが信用できますし、アイデアが強固なものに見られます。さまざまなことを思考し、検証したうえでアイデアを出しているのだと思ってもらえるのです。

就活においても「即答力」は重要です。

面接官のなかには、予想がつく質問を避けて突拍子もない質問をし、就活生の反応を見るタイプの人もいます。そんなとき、うろたえずに即答する学生の評価は、きっと高くなるでしょう。

恋愛においても同じです。

デート中にトラブルが発生したとき、うろたえて何もできない男性と、すぐに適切な対処をしてくれる男性、どちらに魅力を感じますか。

普段から即答するクセをつけることで、思考だけでなく、ビジネス、プライベート、さまざまシチュエーションで大きなアドバンテージを得ることができるのです。

人の言うことを無視できる能力を身につける

私は13年間、広告クリエイティブの仕事をしてきました。クリエイティブというのは、毎日がプレゼンの連続、つまりアイデアの発表の場なんですね。

広告戦略のプレゼン、タレントのプレゼン、ＣＭのプレゼン、キャッチコピーのプレゼン、編集のプレゼン、完成品のプレゼンなど、日々、何かしらのアイデアを発表しているのです。

そして、それぞれのアイデアに対して、日々さまざまな意見が出ます。

「このタレントではターゲットの共感性を得にくいのではないか」「キャッチコピーでもう少し商品のことを語ったほうがいいのではないか」など、アイデアを見たいろいろな立場の、さまざまな人たちから、多様な意見が出ます。

しかし、そんなときこそ、私は第三者的に判断するようにしています。クライアントが言っていることが正しいと思えばその通りにしますし、違うと思ったら、絶対に曲げません。

「正しいと思ったこと以外は、無視する」

無視する理由は説明しなくてはいけません。無視する理由をクライアントが理解できるように説明できないのであれば、無視する資格はないです。

時折、「バカにされたらどうしよう」「面白くないと言われたらどうしよう」と、人の目を気にするあまり、いろいろな人のアドバイスに耳を傾けてしまう人を目にします。それでは新しいアイデアは生まれませんし、結果的にクライアントのためにもなりません。自分の想いを曲げて、人の言うことを聞きすぎると、往々にしてアイデアが丸いものになってしまうからです。

「人の言うことを無視できる能力を身につける」

そして、

「自分が良いと信じるもの。それは何があっても守り抜く」

この2つを覚えておいてください。

新しいこと、知らないことに貪欲でいる

男性のあなたに、女子高生をターゲットとした新サービスの仕事が舞い込みました。女子高生に興味がないあなたはどうしますか？

●上司に言ってその仕事を断る
●手を抜いて何となくこなす
●女子高生のことをとことん調べ上げて臨む

まったく知らないことに飛び込むのは、とても労力のいることです。年を重ねれば重ねるほど、また、キャリアを積めば積むほど「今さら新しいことなんて」と思い敬遠してしまうもの。しかし、こう考えてみるとどうでしょうか？

「アイデアの種が増える」

まったく知らないことは、自分に「新しいアイデアの種」を提供してくれます。女子高生のことを調べ上げれば、「女子高生用語」や「女子高生に人気のタレント」「女子高生が想う理想の親像」など、今まで知らなかったさまざまな「アイデアの種」を受け取ることができます。そして、それらはきっと、ビジネスや、プライベート、恋愛における思考にプラスの効果をもたらしてくれます。

あなたが企画を仕事にしているなら、

「女子高生に詳しいマーケッター」

として、仕事を広げられますし、独立して女子高生に特化したマーケティング専門会社を立ち上げることだってできます。

女子高生の子どもがいるなら、

「女子高生の気持ちがわかる親」

になれるわけですから、共通の話題で盛り上がることもできますし、市場調査と銘打って娘とデートすることだってできます。

あなたが広報やＰＲを担当しているなら、

「ＪＫ（女子高生）用語を書けるオウンドメディア運用者」

としてネットで話題の「中の人」になれますし、オウンドメディアやソーシャルメディアの運用実績をもとに独立してコンサル会社を立ち上げることだってできます。

つまり、知らないことに貪欲《どんよく》であることは、思考だけに留まらず、さまざまな領域であなたにプラスの効果をもたらしてくれるのです。

知らないあなたは、まだまだいる。

第5章

アイデアだけで終わらない。思考したあとに必要なこと

前章までは、思考する前、思考している最中に大切なことについて書きました。しかし、思考というものは、「アイデアを出して終わり」というわけにはいきません。

ここでは、思考したあとに重要なこと、

「実現すること」

について説明していきます。

「ものすごく新しいアイデア」を思考しても実現できなかったら、

「なかったものと同じ」

です。そう、アイデアは実現してこそ意味のあるものなのです。

「思考したあと、必ず実現する」

これが何より大切なことです。

アイデアの検証作業で確実にものにする

第4章で、量が質を生むから、アイデア出しはできるだけ多いほうがいい、アイデアを多く出すことはビジネス、就活、恋愛において、さまざまなプラスの効果をもたらしてくれると書きました。

しかし、アイデアをプレゼンするとき、実施するときは話が別です。そこには、数より正確さが求められます。実現性の検証ができていないアイデアを数多く出すのではなく、技術的、予算的、スケジュール的に検証がすんだものを出す。この考え方が必要になります。

ビジネスにおいて、予算やスケジュールを無視したアイデアをプレゼンし、クライアントのＯＫが出た場合を、想像してください。

アイデアは面白かったけど、結果的に予算オーバー、スケジュールも守れないとなると、二度と仕事がくることはないですし、下手をすれば訴訟沙汰《ざた》になって自分の会社がつぶれてしまうなんてことにもなりかねません。

恋愛においても同様です。

アイデアは素晴らしいが、自分の立てたデートプランが収入のレベルをはるかに超えたものだったら、１回は成功しても、お金が続かず、結果的に彼女とつき合うことができなくなるかもしれません。

アイデアは、プレゼンする前、実施する前に、必ず検証されなくてはいけません。しかも、その検証はいろいろなリスクを想定して、慎重すぎるくらい慎重に行う必要があるのです。

アイデアを伝えるプレゼンテーションのコツ

いくら優れた思考をしようが、どれだけ検証しようが、アイデアが相手にうまく伝わらなければ元も子もありません。アイデアが伝わってこそ初めて意味をなしますから、アイデアのプレゼンテーションは、とても重要です。

ここでは、私が13年間のクリエイティブ人生で手に入れた「プレゼンテーションのコツ」を３つお話しします。

コツ１　思考の過程を整理する

コツ２　たとえ話を用意する

コツ３　アドリブを絡める

コツ1　思考の過程を整理する

思考の過程を整理することは、アイデアをプレゼンするうえで最も簡単で、有効な手段と言えます。

自分がどのようにアイデアを思考し、検証し、アウトプットしたのか、そのプロセスを伝えることは、相手に思考の過程、検証の過程を疑似体験させることができ、納得を得やすくなります。

また、思考の過程で迷ったこと、気になったことを相手に伝えることで、そのアイデアがいくつもの検証を経た、強いアイデアであることを証明できるのです。

コツ2　たとえ話を用意する

この本のなかでもたびたび、思考やアイデアをドラマやマンガにたとえて説明しました。

なぜそのようなことをしたのか。それは、**伝えたいことをより伝えやすく、興味を持っ**

て聞いてもらうために、「たとえ話」がとても有効だからです。

広告のプレゼンも同様です。プレゼン相手であるクライアントは、「お題」となっている商品のことを、24時間365日考えていますから、商品を客観視できなくなっていることがあります。商品への思い入れが強いばっかりに、その商品にまったく興味のない人、まったく知らない人の感覚を忘れてしまうことがあるのです。

もちろん、商品を愛しているから、当然と言えば当然の話なのですが、商品を正しく売る、正しくブランディングするという観点においては、その主観的な視点は弊害となることがあります。

そんなときに有効なのが、たとえ話です。

その商品が世の中でどう思われているか、競合商品はどのような存在なのか。それを、まったく別のものにたとえて説明するのです。そうすると、**一気に状況を客観視してもらうことができ、クライアントと消費者の感覚の乖離《かいり》を埋める**ことができるのです。

もちろん下手なたとえ話は状況を悪化させるだけですので、たとえ話のモチーフ選びは慎重に行う必要がありますが、プレゼンテーションのコツとして、ぜひ覚えておいてください。

コツ3 アドリブを絡める

私は、13年間プレゼンの日々を過ごしてきましたから、他人のプレゼンテーションも数多く見てきました。そのなかで、最もありがちで、最も「残念だ」と感じたのが、

「プレゼン資料を読んでいるだけ」

というプレゼンです。目線を下に落とし、ただ資料を読んでいるだけ。これではプレゼンとは言えません。資料はプレゼンを受ける側も読むわけですから、そこにはない情報を付加する存在として、あなたがいなくてはいけません。

私は、基本的にプレゼン資料は読まないようにしています。プレゼン資料に書かれていないこと、その場で感じたこと、たとえ話を付加し、空気を読みながらプレゼンを進めるようにしています。

資料に書いていないことを話せば、プレゼンに自信と余裕が生まれます。
「この人に任せれば大丈夫そうだ」、そう思ってもらえるのです。

「プレゼンはアドリブがすべて」

そう言っても過言ではないのです。
アドリブ力は、場数を踏めばすぐに身につきます。日頃の打ち合わせやプレゼンから意識的にアドリブを使う練習をしてください。

最後に大事なのは「タイトル付け」という思考

思考し、良いアイデアが出て、検証もすんだ。では、次に重要になってくるのは何でしょうか？

「タイトル付け」

ですね。ここも、かなり重要なポイントであり、ミスをすると、「アイデアが台なし」というこことにもなりかねません。

「タイトル付け」で重要なポイントは4つです。

ポイント1　そのタイトルは、アイデアをうまく言い得ているか？

ポイント2　そのタイトルは、引きのあるものか？

ポイント3　そのタイトルは、恥ずかしくないものか？

ポイント4　そのタイトルは、言葉での再現性が高いものか？

順番に説明していきましょう。

ポイント1　そのタイトルは、アイデアをうまく言い得ているか？

たとえば、サッカーを始めたばかりのあなたが、シュートの蹴《け》り方を学びたいとします。

「シュート練習法」

という本を、本屋で見かけてさっそく購入、家で読み始めました。

でも、そこに書かれていたのが、野球のシュートボールの練習法だったらどう思うでしょうか。いくら画期的なシュートの投げ方が書かれていても、そもそもサッカーをやりたいあなたにとってその本は、まったく価値のないものになります。

この本のタイトルは、こうあるべきでした。

「初心者ピッチャー向けシュート練習法」

「三振が取れるシュート練習法」

「そのタイトルは、アイデアをうまく言い得ているものか」

タイトルをつけたあとに、再度そのタイトルを見返し、うまくアイデアを言い得ているかを確認するクセをつけてください。

ポイント2　そのタイトルは、引きのあるものか？

アイデアに、永遠につきまとう宿命があります。それは、

「アイデアは見られないという前提にある」

ということです。いくらアイデアが新しいものであっても、タイトルがつまらないと、そのアイデアの価値は半減してしまいます。たとえば、あなたが読んでいるこの本のタイトルが、

「思考について書かれた本」

だったとしたら、この本を手に取ろうと思ったでしょうか？

よほど友人にすすめられたり、テレビ番組で紹介されていたり、ネットで話題になっていないかぎり、「つまらなそうな本」「固そうな本」と思い、手に取ることも、開くこともなかったのではないでしょうか。

本屋やネット、駅で接触する１秒やそこらで人に、興味を持ってもらうためには、引きのあるタイトル付けが必要になってきます。

「そのタイトルは、引きのあるものか？」

このことを常に意識してください。タイトルを数多く思考し、自分で「引きがある」と思うものを選ぶ。そして、他者にも見せ、反応を見る。これを必ず実行してください。

ポイント3　そのタイトルは、恥ずかしくないものか？

私がタイトルの重要性に気づいた象徴的な出来事があります。

２００９年に公開された綾瀬はるかさん主演の映画『おっぱいバレー』に関して、ある友人と話していたときのことです。友人が「『おっぱいバレー』見たいんだけど、チケット売り場でタイトルを言うのが恥ずかしいんだよね」と言ったのです。

その言葉を聞いた私は、ハッとしました。

たしかにタイトルとして引きはあるし、セクシーだし、ストーリーを言い得ているかもしれない。でも、「劇場で映画を観る」というシチュエーションを考えたとき、このタイトルは、かなり損をしていると思ったのです。

今ではネット上でのチケット購入が可能となりましたが、それでも多くの人が並んで、映画名を言ってチケットを買います。

周りの人に聞かれても恥ずかしくないタイトル、自分で口にするのが恥ずかしくないタイトル、これはタイトル付けの作業において、３つ目に重要なポイントなのです。

「そのタイトルは、恥ずかしくないものか？」

これを検証するために、公の場で、自分の口で、そのタイトルを発表している姿を想像してみてください。「こんなタイトル、恥ずかしくて言えない」と思ったら要注意、タイトルを考え直す必要があるかもしれません。引きのあるタイトルで、かつ恥ずかしくないもの。これを意識してください。

ポイント４　そのタイトルは、言葉での再現性が高いものか？

アイデアを生み出したあなたにとって、最も幸せな状況とは、どういうものですか？

「誰もがそのアイデアを知っている」

という状況ですね。たとえば、『妖怪ウォッチ』のように、友だちも、親も、海外の友人も、みんな知っている、あなたのアイデアを老若男女あらゆる人が知っている状況。これがアイデアを生み出した人に対する最高のプレゼントです。

しかし、『妖怪ウォッチ』が、こういうネーミングだったらどうでしょう。

「珍w動a物t時c差h品」

商品自体は同じなので、面白いことに変わりはないはず。それを知らない友だちに、親に、子どもに伝えたい。

「でも、どう伝えれば良いでしょう」

なぜ伝えられないのか。このネーミングは「再現性が低い」からなのです。再現性の低いものは、伝えにくい。つまり、広まらないものとなってしまうのです。

もう１つ例を挙げます。

「モーニング娘。」

このグループ名を知っている人は、「もーにんぐむすめ」と読めます。しかし、日本語を学びたての外国人や、テレビをまったく見ないおじいちゃんおばあちゃんは、

「もーにんぐむすめ まる」

と読むのではないでしょうか。

「。モー。ニング。娘。」

だとどうでしょう。

知っている人↓もーにんぐむすめ
知らない人↓まる もー まる にんぐ まる むすめ まる

完全に別物になってしまいます。外国人の友人と好きなアイドルの話で盛り上がろうにも話は通じませんし、おじいちゃん、おばあちゃんとコミュニケーションを取ることも困難になってきます。

「モーニング娘。」という認知度の高いタイトルであれば、まだ何とかなるかもしれませんが、新商品名、新サービス名で、言葉での再現性が低いと最悪です。

「そのタイトルは、言葉での再現性が高いものか?」

これを検証するために、ぜひ、自分の親や、子どもにタイトルを読んでもらってください。そして、読みやすいか、再現性が高いか、伝えやすいかを確認してください。

良いアイデアと、良いプレゼン、良い名前があってこそ、良い思考である。

おわりに

ここまで読んでいただき、ありがとうございます。

「思考する前に大切なこと」「思考11の公式」の解説、「思考11の公式」の実践法、「さらに思考しやすくなる習慣」、そして「思考したあとに必要なこと」と、思考において必要なことや重要なことをできるだけ詳しく、シンプルにまとめました。

この本を通じて、私が伝えたかった、

「思考は才能ではない」

というメッセージを、受け取ってもらえたと確信しています。

繰り返しになりますが、この本で書いている数々の思考術は、ビジネス、プライベート、就活、恋愛など、どんなジャンルの「お題」にも応用可能です。

あなたが思考やアイデアで悩んだとき、この本を開いてもらえれば、きっと助けになるはずです。

それは、
最後に少しだけ、つけ加えさせていただきます。

「いつかこの本を捨ててください」

ということです。この本に書いている思考術は、私が13年間、膨大な時間をかけて試行錯誤を繰り返し、作り上げてきたものです。誰でも、どんなときでも新しいアイデアを生み出せるものになっています。しかし、裏を返せば、この本に載っている思考術は、西島知宏だけのものでしかないのです。

あなたがいつか、本当の意味で、アイデアの素晴らしさに気づいたとき、きっと感じること。それは、

「自分だけの道で山を登りたい」

ということ。私が「思考11の公式」を見つけたとき、体を震わせ、感動したように。あなたは自分だけの道で頂上を目指したいと思うでしょう。

「唯一の結果を得ようとするなら、唯一のプロセスが必要」

この言葉を、覚えておいてください。そして、もし「アイデアを一生の仕事にしたい」という人がいたら、必ずトップを目指してください。他人のやり方では2位止まり、けっしてトップを獲ることはできません。

私が13年間、クリエイティブの仕事を続け、嫌と言うほど思考を繰り返してきて、たどり着いた結論がこれです。

「アイデアの先にあるもの、それは自分である」

ぜひ、自分だけにしかできない思考、自分だけにしか生めないアイデアを、その手にしてください。

それはきっと、自分を、世界を、変えてくれるはずです。

いつかどこかの飲み屋で、あなたとアイデアの話ができる日を夢見て。

クリエイティブ・ディレクター　西島　知宏

【著者プロフィール】

西島知宏（にしじま ともひろ）

クリエイティブ・ディレクター
「街角のクリエイティブ」編集長

1977年京都府生まれ。幼少期の夢は仮面ライダーになること。いつからか大人の事情で仮面ライダーになれないことを悟るが、次の夢が見つからず、高校、大学時代を悶々と過ごす。モラトリアム期間を延長すべく、早稲田大学大学院国際情報通信研究科に入学。ITの道に進もうとするが、「好きなOSはWindows以外です」というクラスメイトの言葉に衝撃を受け、逃げるように広告業界へ。ここで偶然、仮面ライダーの次の夢に出会う。

さらなる偶然が重なり「思考11の公式」を習得。それ以来、自動筆記で仕事をこなすようになる。未来に行って、ほかのクリエイターが作った広告をパクったのでは？　と疑われるような活躍でOCC新人賞、TCC新人賞、OCC新聞雑誌広告部門賞、TCC賞、消費者のためになった広告コンクールなど広告賞を総なめし、2007年、わずか4年で電通を退社。退社時に残した「俺、もう1人でやれるっしょ」は、あまりにも有名な勘違い言葉。

その後、クリエイティブブティック「BASE」を設立、クリエイティブ・ディレクターに就任。その後も、未来に行ったのでは？　と疑われながら日本新聞協会賞、OCCグランプリ、インターネット広告電通賞、日本プロモーショナル・マーケティング・プランニング賞金賞、ニューヨーク・テリーアワード、アジア最大の広告祭スパイクスアジアなど、国内外の数々のアワードを受賞。

2015年からは、バイラルメディア「街角のクリエイティブ」を立ち上げ、編集長に就任。公開1カ月で月間45万PVのメディアに成長させる。自動筆記でこなした主な仕事に、240万近いPVを獲得したJINS「見つめているすべてが、人生だ。」、海外で高い評価を得た富士重工業「MINICAR GO ROUND」、本人が昔からやりたかったフジテレビ月9の仕事「失恋ショコラティエ」、日系航空会社のコマーシャルムービーで、あとにも先にも怪獣が初めて登場する全日本空輸「誘うドラマANA」などがある。

◆思考と企画を教えるサロン「街角の思考塾」
https://synapse.am/contents/monthly/machijyuku
◆個人ブログ「胸になんか刺さった」 http://www.t-nishijima.net
◆フェイスブック https://www.facebook.com/impressedunconsciously
◆ツイッター @t_nishijima
◆「街角のクリエイティブ」 http://www.machikado-creative.jp

〈カバーデザイン〉小口翔平［tobufune］
〈本文イラスト〉坂木浩子
〈DTP・図版作成〉沖浦康彦

思考のスイッチ

2016年2月15日　初版発行

著　者　西島知宏
発行者　太田　宏
発行所　フォレスト出版株式会社
〒162-0824 東京都新宿区揚場町2-18　白宝ビル5F
電話　03-5229-5750（営業）
　　　03-5229-5757（編集）
URL　http://www.forestpub.co.jp

印刷・製本　萩原印刷株式会社

ISBN978-4-89451-699-1　Printed in Japan